BIANCA TOLEDO

RECICLAGEM EMOCIONAL

Resiliência e autoestima para uma nova versão de si mesmo

Academia

Organização de conteúdo: Magno Paganelli
Preparação: Elisa Martins
Revisão: Olívia Tavares e Opus Editorial
Diagramação: Abreu's System
Capa: departamento de criação Editora Planeta do Brasil
Imagem de capa: Marco Brozzo

DADOS INTERNACIONAIS DE CATALOGAÇÃO NA PUBLICAÇÃO (CIP)
ANGÉLICA ILACQUA CRB-8/7057

Toledo, Bianca
Reciclagem emocional: resiliência e autoestima para uma nova versão de si mesmo / Bianca Toledo. – São Paulo: Planeta do Brasil, 2017.
144 p.

ISBN: 978-85-422-0939-6

1. Técnicas de autoajuda 2. Autoestima 3. Autoconhecimento I. Título

17-1188 CDD 158.1

2017
Todos os direitos desta edição reservados à
EDITORA PLANETA DO BRASIL LTDA.
Rua Padre João Manuel, 100 – 21º andar
Ed. Horsa II – Cerqueira César
01411-000 – São Paulo-SP
www.planetadelivros.com.br
atendimento@editoraplaneta.com.br

Sumário

Introdução

A Bíblia, sem dúvida alguma, é a maior coleção de histórias reais em que a resiliência produziu heróis que nos deram exemplos emocionantes de vitória quando o contexto deixava claro que era humanamente impossível superar as dificuldades de suas missões pessoais. No entanto, com a gestão inteligente de suas emoções, o uso equilibrado da fé e um padrão de comportamento correto, eles nos deixaram um tesouro.

> "É melhor ir a uma casa onde há luto do que a uma casa em festa, pois a morte é o destino de todos; os vivos devem levar isso a sério!" (Eclesiastes 7:2).

A reflexão é fundamental para analisar todo o contexto que nos cerca. E, curiosamente, pouco pensamos quando estamos eufóricos e satisfeitos. Precisamos de desconforto para produzir ideias brilhantes. Temos a necessidade do aprimoramento que nos conduzirá à realização da maioria de nossos sonhos, mas ignoramos pequenas falhas frequentes quando acreditamos já ter evoluído o suficiente. É na escassez de recursos emocionais que iniciamos a busca por novas respostas e diante disso ativamos um mundo de infinitas possibilidades.

Admiramos pessoas bem-sucedidas, mas apenas focamos em seus resultados e ignoramos que sua sabedoria foi adquirida com o hábito de se levantar depois de grandes e vergonhosos fracassos. Afinal, a única diferença entre o vencedor e o perdedor é que o primeiro nunca desistiu depois de uma dura derrota, e o segundo parou após a última queda.

Insistir é raridade quando falamos dos duros golpes da vida, como a morte de alguém, as perdas de um abandono cruel, a raiva de uma mentira, uma enfermidade repentina ou o abismo de uma traição. Esses são exemplos de golpes marcantes, e alguns feridos não sobrevivem.

Se você está lendo este livro é porque ele se tornou uma boia de salvação em meio ao naufrágio dos seus sonhos, um escape em tempo oportuno. Portanto, segure-se firme e mantenha a mente no lugar aonde quer chegar.

Jamais imaginei colecionar fracassos, jamais imaginei falar sobre eles. Jamais imaginei sobreviver depois de tanta dor. Mas eu insisti na vida, e mesmo depois de cair em profundos abismos decidi aprender como sair de cada um deles.

Suportar o que parecia insuportável me fez ver que a resistência adquirida em desafios anteriores construiu em mim uma estrutura que eu não conhecia. Criei um plano de sobrevivência que nos piores momentos foi a minha salvação. Tudo o que existe em nós reflete o histórico emocional de nossa vida: a alma sofre, o corpo adoece, o espírito se perde. Compreender os sinais exige diálogo pessoal e um olhar sensível ao que realmente sentimos diante dos nossos dilemas. Reconhecer fracassos não é uma derrota, é o impulso certo na direção do aprimoramento. Com a mesma força que adoecemos nos curamos quando endireitamos a nossa rota.

A resiliência é uma postura emocional e espiritual no meio do caos. É a capacidade de se refinar em meio às dores e à escassez de recursos, descobrindo novas fontes.

Todos estamos à procura de um propósito, até porque viver por viver não preenche completamente os nossos dias. Se em todos eles não houver um desafio, uma vontade que impulsione os nossos pés, andaremos em círculos. Não sei se apenas eu percebi isso, mas a vida passa rápido demais.

Os dias estão acelerados, as marcas no rosto aparecem de surpresa indicando que muito da vida se passou, e muitas vezes percebemos que não realizamos o que gostaríamos ou que o sentido de tudo se perdeu em algum lugar.

Vejo que pior que a fome de pão é o vazio existencial; a ausência de um propósito que corrói os nossos dias. Sofremos ainda que aparentemente nada nos falte, porque a angústia que habita a superficialidade visita cada um de nós. As cores de um mundo fugaz tentam embaçar a sua vista, mas Deus quer lhe dar foco.

Tenho descoberto na espiritualidade o maior combustível para superar os dias ruins, uma vez que a convicção no que não vemos nos ajuda a suportar o que os olhos veem. Isso é fé. E com ela criamos o que irá existir através de nós.

Nesta obra, reuni com clareza informações e experiências práticas que me conduziram à sobrevivência física, emocional e espiritual.

Saiba que caminhar sozinho é um grande risco, e os desafios de convivência tentam nos impedir de receber ajuda. Por isso, quero convidá-lo a fazer este trajeto comigo.

Muitas vezes estamos cegos porque somos dominados por nossas próprias vontades, e elas normalmente nos deixam focados em nós mesmos, ignorando tudo ao redor, inclusive nos impedindo de receber os recursos gerados pela experiência daqueles que nos cercam. Você precisa descobrir o prazer do compartilhamento e da generosidade ao deixar o outro se doar a você. Quando estiver bem, certamente você fará o mesmo. Seus dias serão plenos quando forem únicos!

Administrar o tempo, por mais difícil que pareça, é fundamental. Vive-se um dia de cada vez, e isso não é letargia, é foco. Vamos firmar os passos de um coração que abandona a ansiedade para desfrutar o agora.

PENSE COMIGO:

Agradar a todos não muda os seus dias.
Vingar-se não muda os seus dias.
Conquistar a qualquer custo os mais superficiais elogios, competir e disputar o sucesso não mudam os seus dias.
Justificar os seus erros também não.

Amar, sim. E o desafio do amor é crescer em meio à dor. É permanecer iluminando a vida, curando as feridas e restaurando as forças para recomeçar.

Seja bem-vindo a um caminho de cura, ao resgate de si mesmo, à libertação que só o perdão traz, à reconciliação com o EU e à descoberta de um universo incrível dentro do peito; um universo de emoções e pensamentos que quando enfrentados sem medo poderão lapidar a sua melhor versão de si mesmo.

Está difícil? Posso lhe dizer com toda certeza: vai passar.

1

Perdão: a chave que liberta o vencedor

Todos sabemos o que é ser traído ou decepcionado por alguém. Só não sabemos o que fazer com isso. E, na maioria das vezes, guardamos esse sentimento em um lugar bem escondido para que ninguém saiba e fingimos esquecer.

A amargura é um cárcere de grades largas construído por quem decidiu se trancar em si mesmo guardando o choro, o luto e as más memórias em alguma sala escura do seu ser. Trancada com correntes e cadeados feitos com suas próprias escolhas, sem esperança ou vontade de ver outra vez a luz de um novo dia, é possível que a pessoa lance sua única chave fora.

Mas dores profundas dificilmente nos deixam viver em paz. Elas nos assombram por toda a vida adoecendo nosso corpo, atrofiando nossa capacidade de amar sem cobranças, induzindo-nos ao individualismo e ao estresse de viver sob a ameaça do medo de ser ferido novamente.

Ainda que alguém diga "minha dor é maior que a sua", dores são imensuráveis. Sua carga pode ser aparentemente inferior à de outra pessoa, mas diante de sua estrutura emocional para geri-la ela pode se tornar infinitamente maior que a de qualquer outro.

Caetano Veloso diz em uma de suas canções: "Cada um sabe a dor e a delícia de ser o que é". Concordo com ele e sei que o universo pessoal de cada um já é suficientemente desconhecido para nós mesmos, imagine para aqueles que nos rodeiam tentando nos julgar quando estamos diante de nossas maiores aflições.

Jamais podemos julgar as reações de alguém diante de uma decepção, porque todos somos únicos e temos nossa maneira pessoal de viver os sofrimentos e as angústias inevitáveis da vida.

Apesar de ser citado na Bíblia dezenas de vezes e de a sabedoria de sua preciosidade ter sido guardada em manuscritos por milhares de anos, depois ensinada de diversas formas por Jesus Cristo, o PERDÃO já não é mais um assunto exclusivamente religioso.

A ciência finalmente descobriu o poder do perdão e hoje nos ajuda a comprovar seu efeito latente em nossa vida de forma libertadora, mostrando que o perdão que tanto nos foi ensinado não é sinal de abnegação de direitos ou de autoflagelo, mas sim nosso maior ato de libertação pessoal, o resgate de nossa saúde e o uso completo da inteligência na gestão de nós mesmos.

> [Foi realizada] em Atlanta, nos EUA, [...] a primeira "Conferência sobre o Perdão", um evento no qual foram apresentados os resultados de pesquisas sobre os efeitos do ato de perdoar na saúde daqueles que o fazem. O evento é fruto de uma iniciativa ainda maior, a "Campanha por Pesquisas sobre o Perdão", idealizada por médicos do Estado de Virgínia, nos EUA, e comandada por Everett L. Worthington Jr., diretor executivo da entidade e chefe do departamento de Psicologia da Virginia Commonwealth University.
>
> "A Campanha por Pesquisas sobre o Perdão foi criada como uma entidade sem fins lucrativos em 1998 para levantar fundos para essas pesquisas. A Fundação John Templeton e outras duas fundações conseguiram US$ 3 milhões, um doador anônimo doou US$ 1 milhão, e a campanha conseguiu arrecadar mais US$ 2,4 milhões, algo fundamental para financiar grandes pesquisas sobre esse tema", disse Worthington à *Folha Online*.
>
> Questionado se era necessário que houvesse financiamento para que os cientistas se interes-

sassem em pesquisar o perdão, Worthington disse: "Já havia um bom número de pesquisas sobre isso, mas a campanha permitiu que fossem feitos projetos numa escala maior".

No site da entidade, [...] há depoimentos de apoio à iniciativa de Jimmy Carter, ex-presidente dos EUA e vencedor do Prêmio Nobel da Paz de 2002, e do arcebispo sul-africano Desmond Tutu, que é um dos coordenadores da campanha, famoso por sua luta contra o apartheid e pela libertação de Nelson Mandela.

A declaração do arcebispo no site é emblemática no sentido de chamar a atenção para o lado prático de algo geralmente visto como mera conduta moral: "Perdão e reconciliação não são atividades etéreas, espirituais ou de outro mundo. Elas têm a ver com o mundo real, são *real politik* porque, num sentido muito real, sem perdão não há futuro".[1]

Perdoar o assassino de um filho, uma traição, um golpe cruel, o abandono de um pai ou de uma mãe ou um abuso violento e mortal é absolutamente impossível

---

[1] Trecho extraído de uma matéria publicada pelo Jornal *Folha de S.Paulo* de 8 de outubro de 2003. Disponível em: <http://www1.folha.uol.com.br/folha/ciencia/ult306u 10271.shtml>.

sem ajuda. Eu tive a chance de pesquisar e viver esse tema com muita intensidade e neste livro quero transferir a você tudo que aprendi.

Perdoar é um ato de amor próprio, porque seu coração não foi feito para a amargura e o ressentimento. Sua saúde também não. Chegou a hora de revolucionar sua vida com esta leitura e com a prática que traz à luz, sem culpa, toda sua singularidade ocultada por trás de sua dor. Supere seus medos, vença a insegurança e tenha autoestima. Perdoar é só o primeiro passo.

Você terá muito mais saúde descobrindo que sua vida pode ser mais leve. As pessoas ao seu redor perceberão a nítida mudança imediatamente; porém, o mais importante aqui é a sua autoestima. Estou com você e vamos fazer isso juntos. Ficarei feliz de saber que decidiu viver um novo tempo.

Corajoso é aquele que enfrenta suas ruínas a fim de reconstruí-las de forma consciente e lúcida, assumindo a gestão de suas emoções e cancelando todo o poder do outro de roubar sua capacidade de amar, confiando tanto em si mesmo como em quem lhe faz bem.

Permita-se!

2

Confissões

O alívio de uma confissão certamente supera toda a insegurança em fazê-la. Mas onde encontrar corações confiáveis para nos ouvir?

Falar é um remédio poderoso para nossa alma. Adoecemos por enfiar "goela abaixo" ameaças e ofensas que sofremos no dia a dia e por não recebermos orientação emocional para lidar com tudo isso.

A oração é sem dúvida a confissão mais segura e curadora que existe. Falar com Deus é um exercício de fé e humildade em que expressamos nossa entrega e confiança nEle. Mas também não é fácil.

Muitos de nós aprendem a falar com Deus quando criança e depois recorrem a isso apenas em emergências, para pedir socorro. Mas a ciência já comprovou o poder da oração em inúmeras pesquisas realizadas em todo o mundo. O poder da palavra positiva precisa ser liberado de você, assim como o da palavra negativa, desde que no momento certo e com a pessoa certa, porque, ao contrário, essa energia ruim acumulada em seu interior te aprisionará em alergias, gastrites, dores de cabeça, crises de ansiedade e depressão.

Como abrir meu corpo há tanto tempo fechado? Como lidar com pensamentos de desconfiança e raiva?

Posso começar falando sobre um personagem bíblico conhecido por muitos como um homem "segundo o coração de Deus": o rei Davi. Um salmista sensível, carismático e alegre, mas com duras cicatrizes em seu coração. Davi foi esquecido e desprezado pela família que o julgava incapaz de ir à guerra. Perseguido injustamente pela inveja e maltratado pelo homem que ele esperava ter como um pai. Por muito tempo Davi tentou entender o que fizera de errado, o que acontecera para que o coração de Saul se voltasse contra ele e como poderia recuperá-lo.

Ele provou sua lealdade poupando a vida de Saul, embora este agressivamente buscasse tirar a sua. Então, insistindo em fazer o bem a quem lhe fazia mal, Davi mostrava um dos segredos de sua resiliência. Ele manteve a pureza do seu coração quando poupou Saul pela primeira vez, e quando teve a segunda chance não quis tocá-lo. Davi deixou que a lei dos homens e as mãos de Deus julgassem Saul.

Quantas pessoas hoje têm o coração como o de Davi? Não matamos mais com espadas, porém destruímos uns aos outros com palavras. A Bíblia diz que "a língua tem poder sobre a vida e sobre a morte" (Provérbios 18:21). Então sabemos que vingança não é a melhor saída. Guardar rancor também não. Davi salmodiava, fazia suas confissões em versos:

> Senhor, não me castigues na tua ira nem me disciplines no teu furor!
>
> Misericórdia, Senhor, pois vou desfalecendo! Cura-me, Senhor, pois os meus ossos tremem.
>
> Todo o meu ser estremece. Até quando, Senhor, até quando?
>
> Volta-te, Senhor, e livra-me; salva-me por causa do teu amor leal!
>
> Quem morreu não se lembra de ti. Entre os mortos, quem te louvará?
>
> Estou exausto de tanto gemer. De tanto chorar inundo de noite a minha cama; de lágrimas encharco o meu leito.
>
> Os meus olhos se consomem de tristeza; fraquejam por causa de todos os meus adversários.
>
> Afastem-se de mim todos vocês que praticam o mal, porque o Senhor ouviu o meu choro.

> O Senhor ouviu a minha súplica; o Senhor aceitou a minha oração!
>
> Serão humilhados e aterrorizados todos os meus inimigos; frustrados, recuarão de repente (Salmos 6).

Todo grande líder tem seus dias de depressão, por isso é preciso muito cuidado. Em certas ocasiões Davi foi tomado pelo medo e pela raiva, ele não era perfeito, nós também não somos. Em alguns momentos de sua vida ele se encheu de tamanha ira que acabou transferindo seu desejo de justiça aos exércitos contra os quais lutava na terra do rei Aquis. Fugindo, deixou as fronteiras de Jerusalém procurando um lugar seguro, passou um ano e quatro meses na terra dos filisteus servindo a Aquis. Ele estava tão confuso que quase lutou contra o próprio povo de Israel a favor dos filisteus. Não poupava homens nem mulheres e tomava para si ovelhas, bois, jumentos, camelos e roupas. Ele sempre tinha justificativa para a destruição, mas nitidamente se vingava dos males de sua vida. Ele se esquecera do gigante Golias que matara com a força do seu Senhor, mas o exército inimigo não esqueceu. Na véspera de seu grande erro, ele foi impedido de prosseguir.

Analisando atentamente, pensamos que nesse período Davi não salmodiava, que sua alma estava em luto, e que ele não abria o coração para um amigo nem para Deus. Quantas vezes, por não falar com a pessoa certa, ficamos desnorteados e entramos em conflitos desnecessários e contra as pessoas erradas? Como um livramento de Deus, ele foi dispensado de uma luta equivocada. A Bíblia conta essa história:

> Os filisteus reuniram todas as suas tropas em Afeque, e Israel acampou junto à fonte em Jezreel.
>
> Enquanto os governantes filisteus avançavam com seus grupos de cem e de mil, Davi e seus homens iam na retaguarda com Aquis.
>
> Os comandantes dos filisteus perguntaram: "O que estes hebreus fazem aqui?". Aquis respondeu: "Este é Davi, que era oficial de Saul, rei de Israel. Ele já está comigo há mais de um ano, e desde o dia em que deixou Saul nada fez que mereça desconfiança".
>
> Contudo, os comandantes filisteus se iraram contra ele e disseram: "Mande embora este homem para a cidade que você lhe designou. Ele não deve ir para a guerra conosco, senão se tornará nosso adversário durante o combate. Qual seria a melhor maneira de recuperar a boa vontade de seu senhor, senão às custas das cabeças de nossos homens?
>
> Não é ele o Davi de quem cantavam em suas danças: 'Saul abateu seus milhares, e Davi suas dezenas de milhares'?".

> Então Aquis chamou Davi e lhe disse: "Juro pelo nome do Senhor que você tem sido leal, e ficaria contente em tê-lo servindo comigo no exército. Desde o dia em que você veio a mim, nunca desconfiei de você, mas os governantes não o aprovam. Agora, volte e vá em paz! Não faça nada que desagrade os governantes filisteus!".
>
> Davi perguntou: "O que foi que eu fiz? O que descobriste contra teu servo, desde o dia em que cheguei? Por que não posso ir lutar contra os inimigos do rei, meu senhor?".
>
> Aquis respondeu: "Reconheço que você tem feito o que eu aprovo, como um anjo de Deus. Os comandantes filisteus, no entanto, dizem que você não deve ir à batalha conosco. Agora, levante-se bem cedo, junto com os servos de seu senhor que vieram com você, e partam de manhã, assim que clarear o dia".
>
> Então Davi e seus soldados levantaram-se de madrugada para voltar à terra dos filisteus. Os filisteus, porém, foram para Jezreel (1 Samuel 29).

Há momentos em que não avançamos porque alguns de nossos desejos e planos não dão certo, mas com um olhar distanciado percebe-se nitidamente uma correção de percurso.

Davi era leal, não conseguia enganar ninguém, mas seu coração estava adoecendo. Por meses perdeu seu discernimento. Mas a fidelidade de Deus o alcançou porque havia uma história real entre eles, e Davi não sabia, mas estava prestes a se livrar daquele que mais o perseguia. Pouco tempo depois Saul se suicidaria. A decisão de Davi foi inteligente: ele escolheu confessar suas tristezas em salmos diante de Deus e perdoar aquele que tanto tentou destruí-lo. E assim atraiu o favor de Deus.

> "Amados, nunca procurem vingar-se, mas deixem com Deus a ira, pois está escrito: 'Minha é a vingança; eu retribuirei', diz o Senhor" (Romanos 12:19).

Saul era invejoso e vingativo, ele mesmo se destruiu. Davi era perdoador e obediente aos princípios que escolheu para si, por isso foi reconstruído quantas vezes foi preciso durante sua vida.

Certamente essa é uma história que nos faz lembrar de muitas situações que nos testam na vida. E nem sempre somos aprovados, mas temos novas chances. Davi sofreu muitas ameaças ao seu coração salmista. Há momentos em sua vida que parecem uma verdadeira aberração, como quando seu filho Amnon sente-se extremamente atraído pela própria irmã, Tamar, uma vez que ambos são filhos do rei, mas de mulheres diferentes.

Amnon, auxiliado por um "amigo" (se fosse amigo mesmo não faria o que fez), fingiu-se de doente para poder receber os cuidados de Tamar e aproveitou-se da situação para estuprá-la, sendo que, logo após o ato incestuoso e criminoso, simplesmente a repudiou, mandando-a embora constrangida, envergonhada, humilhada. Depois dessa tragédia, outras se abateram sobre a família de Davi, como o assassinato de um irmão por outro, a rebelião de Absalão e sua morte em batalha.

As maiores tragédias que podem acontecer com uma criança, infelizmente, são provocadas por pessoas próximas e da família. E a maioria de nós não é preparada para lidar com isso.

Você já parou para pensar que nossas piores feridas foram causadas por quem mais amamos? A sociedade não está pronta para lidar com isso. Ela nos incentiva a vingança ou o sigilo. Ambos absolutamente nocivos! Fale. E fale no lugar certo, seu coração precisa e merece ser limpo!

Podemos, sim, transformar nossas estruturas física e mental e, consequentemente, nossa realidade, utilizando determinadas palavras.

> O biofísico russo e biólogo molecular, Pjotr Garjajev, e seus colegas exploraram o comportamento vibratório do DNA. E comprovaram, recentemente, que as frequências de determinadas palavras, alteram e reprogramam o DNA.

Já a escritora Louise Hay marcou a literatura americana com seus livros direcionados à cura física e emocional através de afirmações positivas e poderosas: "Sou um reflexo magnífico dos pensamentos amorosos que nutro", "A divina inteligência me dá ideias e eu posso usá-las todas" e "Estou aberto e receptivo a toda prosperidade em minha vida". [2]

Todos já percebemos o poder da fala, mesmo que não seja possível comprová-lo. Como a Bíblia nos conta: "Portanto, confessem os seus pecados uns aos outros e orem uns pelos outros para serem curados. A oração de um justo é poderosa e eficaz" (Tiago 5:16). Eu realmente acredito que na fala está nossa fagulha de Deus. Ele criou o mundo dizendo: "Haja luz!" (Gênesis 1:3).

Conduzimos nossos pensamentos e posteriormente nossos sentimentos por meio das palavras. Precisamos descobrir o poder delas, utilizando-as a nosso favor todos os dias. Eu costumo usar a Bíblia para orar todas as manhãs e sei que esse hábito muda meus dias, oxigena minha mente e meu espírito, conectando-me com o poder soberano de Deus e suas promessas. Experimente fazer isso agora:

---

[2] Trecho extraído do portal Personare. Disponível em: <http://www.personare.com.br/as-palavras-tem-poder-m2799>.

> Pai nosso, que estás nos céus! Santificado seja o teu Nome.
>
> Venha o teu Reino; seja feita a tua [boa, perfeita e agradável] vontade, assim na terra como no céu.
>
> Dá-nos hoje o nosso pão de cada dia. [Supre minhas necessidades.]
>
> Perdoa as nossas dívidas, assim como perdoamos aos nossos devedores.
>
> E não me deixes cair em tentação, mas livra-nos do mal, porque teu é o Reino, o poder e a glória para sempre. Amém (Mateus 6:9-13, com anotações pessoais).

Escreva 5 afirmações positivas e poderosas para se lembrar de falar todos os dias:

1. ______________________________
2. ______________________________
3. ______________________________
4. ______________________________
5. ______________________________

Certamente continuarei imperfeita, terei falhas e tropeços, mas neste encontro diário com Deus confesso minhas culpas e dores e dessa forma me sinto curada. Falo com Deus e procuro sempre ter alguém confiável com quem compartilhar meus sentimentos mais ocultos, porque sei que neles estão os meus maiores segredos. Eliminando tudo, sei que nada me pegará de surpresa. Já fui muito machucada pela vida. Algumas vezes sem ter culpa, como na infância, antes dos 5 anos, quando sofri na separação de meus pais, nos episódios de abuso e violência. Construí mecanismos de defesa que me prejudicaram até a idade adulta e alimentei vícios emocionais que me trouxeram grandes problemas. Depressão e inúmeras compulsões faziam parte dos meus dias. Até que decidi não ser mais vítima das circunstâncias. Ainda que fosse surpreendida com o pior, daria o meu melhor para compreender de que maneira eu poderia crescer com o ocorrido. Confesso, nem sempre foi fácil. Vivemos em um mundo assustadoramente egoísta e mau. E a ausência de limites não só nos exime do autocontrole necessário à disciplina como nos expõe a riscos. Com a negação do mal pelo medo de sofrer, ignoramos perigos fantasiando o bem que desejamos encontrar em todos, e essa ingenuidade crônica atrai novos ciclos de violência e dor. Mesmo depois de aprendermos mecanismos emocionais saudáveis, estamos expostos a todo tipo de pessoas e, por isso, muitas vezes somos atacados e feridos. Como romper os ciclos? E depois que os rompemos, como lidar com o mal que nos cerca e ainda assim preservar o coração quando somos gravemente feridos?

3

Troco uma coleção de fracassos

Enfrentar nossas mazelas é fundamental. Muitos de nós fomos educados com medo de errar, mas precisamos admitir que errar é um passo importantíssimo no aprendizado. Por que não no aprendizado da vida? Ninguém mais tem tempo para nos ensinar a viver, todos estão com pressa. Nossos erros são os únicos professores insistentes que não desistem enquanto não aprendemos.

Nos erros descobrimos limites. E no reconhecimento deles, construímos nossa proteção. Um dos mais frequentes desequilíbrios emocionais que sustentam o transtorno da ansiedade generalizada é a perseguição contínua da perfeição, a negação cega do erro em busca de aceitação.

Pessoas influenciadas pela ciência e pela tecnologia desejam se tornar robôs impecáveis que não envelhecem, não falham, tampouco surpreendem ou amam. Máquinas perfeitamente reguladas, cantores que nunca desafinam, calculadoras que nunca erram, memórias impecáveis e fatalmente falidas em seus sentimentos.

Todos falhamos, e quanto menos reconhecermos isso mais decepcionados ficaremos em nosso próximo desacerto. Isso não significa acomodar-se com erros recorrentes e fragilidades nocivas, mas ser maleável enquanto se aperfeiçoa e reconhece sua humanidade.

O nível de estresse de um perfeccionista se iguala ao de alguém que sofre um sequestro relâmpago a cada duas horas no dia. No contexto religioso, a mente obriga a consciência a se manter aprisionada pela culpa de não se sentir adequada. O estresse gerado pelo ambiente religioso não colabora com o crescimento da espiritualidade. Jesus Cristo insistia em ensinar com o exemplo do seu equilíbrio e com suas palavras sempre pontuais. No Evangelho de Mateus, vemos relatado o momento de uma grande conspiração contra o Mestre Jesus, em que qualquer um de nós teria suas emoções absolutamente colocadas à prova:

> Então Jesus foi com seus discípulos para um lugar chamado Getsêmani e disse-lhes: "Sentem-se aqui enquanto vou ali orar".

> Levando consigo Pedro e os dois filhos de Zebedeu, começou a entristecer-se e a angustiar-se.
>
> Disse-lhes então: "A minha alma está profundamente triste, numa tristeza mortal. Fiquem aqui e vigiem comigo".
>
> Indo um pouco mais adiante, prostrou-se com o rosto em terra e orou: "Meu Pai, se for possível, afasta de mim este cálice; contudo, não seja como eu quero, mas sim como tu queres".
>
> Então, voltou aos seus discípulos e os encontrou dormindo. "Vocês não puderam vigiar comigo nem por uma hora?", perguntou ele a Pedro.
>
> "Vigiem e orem para que não caiam em tentação. O espírito está pronto, mas a carne é fraca."
>
> E retirou-se outra vez para orar: "Meu Pai, se não for possível afastar de mim este cálice sem que eu o beba, faça-se a tua vontade".
>
> Quando voltou, de novo os encontrou dormindo, porque seus olhos estavam pesados.
>
> Então os deixou novamente e orou pela terceira vez, dizendo as mesmas palavras (Mateus 26:36-44).

No exercício de vigília e na oração, Jesus quase exibia uma tese. Certamente, este é um dos mais fortes alicerces da resiliência de Cristo: o exercício da lucidez e o uso das palavras no lugar certo.

O apóstolo Paulo, participante do sofrimento de Cristo pela fé assim como do poder de sua ressurreição, foi iluminado em sua carta aos hebreus quando disse que "durante os seus dias de vida na terra, Jesus ofereceu orações e súplicas, em alta voz e com lágrimas, àquele que o podia salvar da morte, sendo ouvido por causa da sua reverente submissão" (Hebreus 5:7). Paulo não estava presente no Getsêmani, mas seus escritos parecem relatar cada segundo deste dia em que Mateus retrata a completa humanidade de Jesus com tamanha evidência. Ele suava sangue como sinal do mais alto nível de estresse que o corpo humano pode suportar. E vemos que para o Mestre as suas fraquezas nunca foram vergonha, porque se fez fraco justamente para que o poder de Deus, nosso Pai, se aperfeiçoasse em nós por meio dEle. Ele estava lúcido de sua missão e decidido a completá-la, suportando o que fosse preciso.

Com segurança Jesus falava da fraqueza da carne, da fragilidade da alma, da vulnerabilidade de nossas decisões e preferências. Ele estava em nossa pele e nos deixou exemplos de submissão e humildade dizendo que embora o espírito esteja pronto (e o dEle certamente era o mais pronto de todos), não podemos abandonar a lucidez (vigiar) nem o hábito da fala vertical (orar), porque a nossa humanidade é definitivamente fraca.

O Mestre não confiou nela.

Seis séculos atrás os grandes pensadores começavam a construir um padrão mental centralizado no homem e na força de suas ideias.

> Nesse período, compreendido entre a transitoriedade da Baixa Idade Média e início da Moderna (séculos XIV a XVI), os avanços científicos começavam a tomar espaço no meio cultural. A tecnologia começava a se aflorar nos campos da matemática, física e medicina. Nomes como Galileu, Paracelso, Gutenberg, dentre outros, começavam a se despontar, em razão das descobertas feitas por eles.
>
> Galileu Galilei comprova a teoria heliocêntrica que dizia ser o Sol o centro do sistema planetário, defendida anteriormente por Nicolau Copérnico, além de ter construído um telescópio ainda melhor que os inventados anteriormente. Paracelso explora as drogas medicinais e seu uso, enquanto Gutenberg descobre um novo meio de reproduzir livros.
>
> Além disso, a filosofia se desponta como uma atividade intelectual renovada no interesse pelos autores da Antiguidade clássica: Aristóteles, Virgí-

> lio, Cícero e Horácio. [...] A burguesia e a nobreza, classes sociais que despontam no final da Idade Média, passam a dividir o poderio com a Igreja.[3]

A Divindade passa a ser o homem com suas grandes proezas.

Nesse contexto cultural em que a visão antropocêntrica se instala e influencia todo o campo cultural – literatura, música, escultura, artes plásticas –, nasce o humanismo e uma avalanche de pensamentos que sustentam hoje a autossuficiência.

Mas nunca vimos um grande gênio humanista desfrutar de uma saúde emocional plena. Corpo e emoções andaram desgovernados se não tiveram a mínima conexão com o céu. A base da espiritualidade é a socialização fluida sem peso, a colaboração generosa entre iguais sem distinção. Já na autossuficiência não existe lugar para Deus.

Hoje, milhares de pessoas sofrem sozinhas, pois aprenderam que não podem falhar. Super-homens choram escondidos debaixo de suas capas enquanto mulheres-maravilha se olham no espelho e se perguntam por que nunca foram plenamente amadas e cuidadas.

Mais uma vez o Mestre diz: "Vigiai! Alimentai a lucidez! Não hesite em pensar. Se sua organização mental

---

[3] Trecho extraído do site Brasil Escola. Disponível em: <http://brasilescola.uol.com.br/literatura/humanismo.htm>.

for fraca, suas emoções serão totalmente influenciáveis". Fale com Deus, há sabedoria no céu e ela não se move com o soprar do vento.

O verdadeiro caráter de uma pessoa se revela nos momentos mais difíceis e dramáticos. Mas quando paramos para avaliar nossas reações nesses momentos, percebemos que nos fechamos em vez de nos abrirmos. Quanto maior a dor, maior a reclusão. Somos fruto de seiscentos anos de humanismo enraizado em nossa memória genética e herança comportamental.

Por isso o apóstolo Paulo, mais uma vez iluminado, cinquenta anos após a ressurreição de Jesus e há quase dois mil anos, escreveu aos romanos como se digitasse em suas redes sociais um direcionamento atual a respeito da base de uma espiritualidade livre e crescente:

> Portanto, irmãos, rogo-lhes pelas misericórdias de Deus que se ofereçam em sacrifício vivo, santo e agradável a Deus; este é o culto racional de vocês.
>
> Não se amoldem ao padrão deste mundo, mas transformem-se pela renovação da sua mente, para que sejam capazes de experimentar e comprovar a boa, agradável e perfeita vontade de Deus (Romanos 12:1-2).

Não era fácil para os missionários do primeiro século promover os pensamentos de Cristo em meio à mentalidade grega. Os romanos viviam sob forte influência de uma cultura que correu o mundo. A vaidade dos gregos é conhecida pela construção da filosofia e por sua influência nas artes, na arquitetura e na religião politeísta. O mundo ocidental até hoje é influenciado por essa cultura que contribuiu em muitos aspectos para a evolução da civilização, mas que também participou do exagero nocivo de alguns comportamentos que a sociedade atual ainda vivencia. O deus romano Baco – para os gregos Dionísio – era cultuado como deus do vinho, da embriaguez, dos excessos, especialmente sexuais, e da natureza. As festas em sua homenagem eram orgias chamadas de bacanais. E na linguagem de hoje ainda se usa a palavra "bacana" como sinônimo de algo bom.

Uma boa parte das pessoas a quem os cristãos do primeiro século pregaram falava grego. As Escrituras que eles usavam para apoiar a mensagem sobre Cristo eram em grego. Quando os escritores foram inspirados a registrar o que mais tarde se tornariam as Escrituras Gregas Cristãs, a maioria deles escreveu em grego, usando expressões e ilustrações facilmente entendidas pelas pessoas que tinham contato com a cultura grega. Mas nem Jesus, nem seus apóstolos, ou qualquer um dos escritores das Escrituras Gregas Cristãs, eram gregos. Na realidade, todos eram judeus. A contracultura é uma prática constante daqueles que decidem construir uma mentalidade livre.

Jesus Cristo falava de sua própria cultura por meio de seu comportamento, sabendo que exemplos ensinam mais do que palavras. Sua cultura, a do Reino dos céus, contrariava os instintos humanos em momentos de caos. Ele tinha certeza de que a fé nos conectaria com o absoluto e de que todos poderíamos trazer a cultura dos céus para a Terra, pela fé e por nosso modo de viver, nosso comportamento, assim como Ele fez em seus dias demonstrando poder, alegria, paz, amor e resiliência, independentemente das circunstâncias: "Não se deixem vencer pelo mal, mas vençam o mal com o bem" (Romanos 12:21).

De tempos em tempos, as civilizações que surgiram após os gregos – inclusive a nossa – voltam seus olhos para essa cultura tão antiga, chegando a retomar alguns de seus costumes. Assim aconteceu, por exemplo, com os Jogos Olímpicos. Veja a força de uma cultura! Ainda assim ignoramos a sutil influência exercida pelo comportamento hedonista – dedicação ao prazer como estilo de vida – que nos cerca e buscamos de forma desapercebida, mas altamente nociva, o individualismo marcante deste século com uma espiritualidade fraca baseada no misticismo prático e pós-moderno, herdando resíduos emocionais de todos os tipos de história de vida que nos antecede. Vigiai e orai! Precisamos de constante purificação. E o exercício da lucidez purifica. Mas como me olhar com realismo sem desistir? O realismo com fé é otimista. Enfrenta a verdade sem medo porque se apega à certeza de que tudo muda. E o único que não muda – o Soberano – permanece como referência matricial do bem para todas as coisas.

Nessa pátria celestial e transformadora ancoro meus argumentos sem precisar bloquear meu raciocínio crítico. Deus ama o uso da inteligência. Creio que a Sua vontade é que voltemos a utilizá-la a pleno vapor como nos tempos em que não tínhamos tanta culpa nem tanta dor. Existe um caminho de retorno da nossa alma ao Éden, e Jesus é chamado nas Escrituras de o último Adão porque, com seu comportamento, nos mostrou a direção de como voltar para lá. Agora, se eu troco minha coleção de fracassos? Não! Eles me ensinaram a chegar até aqui.

4

Livre-se da amargura

Ter minha vida inspirada na mentalidade de Cristo me fez olhar para alguém que nunca desistiu. Todas as vezes que acho meus sofrimentos grandes o bastante para sufocar meus sonhos, eu olho para Ele.

O maior desafio que já enfrentei na vida foi o perdão. Quem diz que o perdão é lindo e poético nunca foi traído por quem ama, nem teve um filho agredido ou assassinado, nem uma família destruída ou um coração desprotegido brutalmente machucado.

O perdão não é lindo nem agradável. É um rio de correnteza forte, carrega pedras pontiagudas, lixo e muitas recordações terríveis; está exatamente entre você e seu futuro, e não há ponte para atravessá-lo. Fugir dele é voltar ao passado e reviver as mesmas dores para o resto da vida. Mas se você decidir enfrentá-lo e se jogar na água sem medo de ferir seu ego, desviando de tudo que tenta afogar você do outro lado, sairá na margem oposta completamente limpo e encontrará o seu mundo transformado. Perdão faz bem para a vista! Incrivelmente, seus olhos vão enxergar melhor. O discernimento tornará as cores ao seu redor mais vibrantes e vivas. Imagine que saindo da água suas pernas ficarão mais leves como um prêmio depois de tanto esforço. Todo seu peso terá ficado lá. E nos momentos em que você pensou em desistir durante o trajeto sua mente o lembrou do lugar para onde não queria mais voltar.

Não devo perdoar porque sou boa ou generosa. Devo perdoar porque sou inteligente. Não quero viver infeliz e adoecer amarrada a um sentimento opressor. A amargura envelhece, atrofia, emburrece.

Hoje, quando sou ofendida, machucada ou traída, penso que só existe um caminho: voltar para o rio e continuar a nadar. Sempre haverá um outro lado esperando você com alívio e novas cores. Não vale a pena adiar. Quero encorajá-lo.

Quando Deus enviou à Terra seu filho no ventre de uma virgem, colocou entre nós o maior milagre que já existiu. Nele estava a reconciliação do Criador com toda a sua criação, o perdão de nossas culpas e o alívio para as nossas dores, o castigo que nos trouxe a paz. A entrega que nenhum de nós faria por aqueles que jamais mereceram. Ele é verdadeiramente amor, o desejo de ser para o outro. Não havia vantagem nessa perda para Deus a não ser retomar o contato com a sua criação, pelo desejo de nos chamar de filhos. Esse perdão constrange e ensina. Por isso, insisto que a espiritualidade é fundamental para o amadurecimento e a plenitude da vida. Sem perdão, nos aproximamos da morte, definhamos em vida. Invertemos o olhar, perseguimos feridas. Só andamos para trás vitimados e repetitivos, enquanto, em Cristo, Deus embutiu para nós uma nova vida no perdão. Observemos as palavras do Mestre e mais uma vez sua vida ensina:

> "Pois se perdoarem as ofensas uns dos outros, o Pai celestial também lhes perdoará. Mas se não perdoarem uns aos outros, o Pai celestial não lhes perdoará as ofensas" (Mateus 6:14-15).

Esse trecho das Escrituras parece uma ameaça de Deus aos que não perdoam; àqueles que decidem que o ofensor não merece o perdão – assim a sociedade que vivemos nos ensinou a pensar. Mas, na verdade, essa fala retrata a generosidade de Jesus ao explicar um dos significados mais poderosos do Pai-Nosso. Pois antes dessas palavras, conforme encontramos em Mateus 6:1-13, Ele disse:

> Tenham o cuidado de não praticar suas 'obras de justiça' diante dos outros para serem vistos por eles. Se fizerem isso, vocês não terão nenhuma recompensa do Pai celestial.

Portanto, quando você der esmola, não anuncie isso com trombetas, como fazem os hipócritas nas sinagogas e nas ruas, a fim de serem honrados pelos outros. Eu lhes garanto que eles já receberam sua plena recompensa.

Mas quando você der esmola, que a sua mão esquerda não saiba o que está fazendo a direita, de forma que você preste a sua ajuda em segredo. E seu Pai, que vê o que é feito em segredo, o recompensará.

E quando vocês orarem, não sejam como os hipócritas. Eles gostam de ficar orando em pé nas sinagogas e nas esquinas, a fim de serem vistos pelos outros. Eu lhes asseguro que eles já receberam sua plena recompensa.

Mas quando você orar, vá para seu quarto, feche a porta e ore a seu Pai, que está no secreto. Então seu Pai, que vê no secreto, o recompensará.

E quando orarem, não fiquem sempre repetindo a mesma coisa, como fazem os pagãos. Eles pensam que por muito falarem serão ouvidos.

Não sejam iguais a eles, porque o seu Pai sabe do que vocês precisam, antes mesmo de o pedirem.

Vocês, orem assim:

"Pai nosso, que estás nos céus!
Santificado seja o teu nome.

> Venha o teu Reino; seja feita a tua vontade, assim na terra como no céu.
>
> Dá-nos hoje o nosso pão de cada dia.
>
> Perdoa as nossas dívidas, assim como perdoamos aos nossos devedores.
>
> E não nos deixes cair em tentação, mas livra-nos do mal, porque teu é o Reino, o poder e a glória para sempre. Amém!".

Você percebeu que a todo o tempo o Messias denuncia o comportamento errado da geração que não se parece com Ele, e ensina o comportamento certo que trará a vida abundante que ele prometeu?

Pensamentos novos, sentimentos restaurados, comportamentos diferenciados.

Não existe mágica no cristianismo. A transformação não é mística, é real e gradativa à medida que raciocinamos da maneira certa e crescemos em conhecimento e prática da fé. A religiosidade que se alimenta do conhecimento superficial de Deus e das Escrituras gera uma espiritualidade doente e frustrada. Repetitiva, mesquinha e repulsiva.

Faça um favor a si mesmo: perdoe!

O perdão de Deus está a minha disposição quando meu coração está limpo. Essa é a melhor forma de Ele me educar. Além da certeza que eu tenho de que preciso do perdão de Deus todos os dias, vivi no meu corpo a prova de que as mágoas adoecem e não quero passar por isso novamente.

Hoje, a ciência estuda diversos casos de doenças incuráveis provocadas por ressentimentos acumulados durante anos. Algumas pessoas são milagrosamente curadas após o perdão.

Na minha infância, desenvolvi o transtorno de ansiedade generalizada. O universo ao meu redor não era como eu queria e a incapacidade de mudá-lo me deixava triste, com raiva e vazia. Desde muito pequena adquiri um comportamento alimentar compulsivo como compensação pelas faltas que eu acreditava ter, e meu corpo adoeceu com isso. Minhas emoções também.

A adolescência, que já não é fácil para ninguém, parecia uma conspiração em que tudo dava errado e eu sempre era a culpada. Não existia nada em mim de que eu gostasse, e à medida que a raiva crescia, meu comportamento era moldado por ela. Dessa forma, tornei-me um difusor da minha própria revolta.

Quando não percebemos nossas atitudes, julgamos mal as pessoas ao nosso redor, que na verdade estão apenas reagindo ao nosso comportamento inconsciente. Estamos constantemente nos relacionando com reflexos de nossos padrões, que mostram uma imagem de quem nós somos.

A violência na infância gera explosões de ira na adolescência e na idade adulta. Muitos homens violentos foram gravemente ameaçados e feridos quando crianças. Vingam-se do pavor que sofreram ao ver o medo nos olhos de suas vítimas.

"Isso não é justo!" Essa é a primeira coisa que dizemos quando descobrimos que nem sempre receberemos em troca a bondade que doamos. Não é justo ser traído quando somos fiéis, não é justo se machucar em um acidente de carro em que você não foi o infrator ou nem estava dirigindo. Não é justo sofrer aborto de um filho planejado. Não é justo descobrir uma doença incurável. Não é justo perder uma mãe ainda na infância. O número de pessoas arruinadas pela ira e pela falta de perdão é incalculável, e o comportamento gerado por essas situações é o pior possível: ele doutrina famílias, define padrões e com sua força contamina todo o resto. O cárcere das emoções bloqueia o prazer de viver, e as doenças emocionais crescem com muita velocidade se não houver um escape no meio desse grande abismo.

Esquecer não é a solução!

Ignorar não é esquecer, e esquecer não é perdoar. Por que não conseguimos apagar da memória? Porque hoje as pesquisas comprovam que não temos habilidade para isso, nem acesso aos dados registrados nem conhecimento específico de onde estão alojadas as experiências doentias. Não sabemos em que área do nosso cérebro foram registradas nossas experiências mais angustiantes. Aprendi com a teoria da inteligência multifocal que uma área do tamanho da ponta de uma caneta no córtex cerebral contém milhares de experiências e informações.

Então, como localizá-las e deletá-las? Como separar as experiências boas das ruins? Impossível. A única possibilidade que nos resta é reconstruir a vida reescrevendo os capítulos principais de uma nova história.

> "Aquele que estava assentado no trono disse: 'Estou fazendo novas todas as coisas!'" (Apocalipse 21:5).

Começo a reconstruí-la decidindo perdoar os que me ofenderam, reconhecendo que essa bagagem vai prejudicar o meu futuro, e, assim como não quero revivê-la, não vou levá-la comigo. Deixe a vida se encarregar de retribuir às pessoas as consequências de seus atos. Não se vingue, não deseje o mal. Porque assim vai continuar carregando a bagagem com você. Seja leve e vá mais longe! Ao fazer justiça com as próprias mãos, muitos de nós acabam acumulando orgulho e tendo dificuldade em perdoar. A Bíblia diz:

> Se afirmamos que estamos sem pecado, enganamo-nos a nós mesmos, e a verdade não está em nós.
>
> Se confessarmos os nossos pecados, ele é fiel e justo para perdoar os nossos pecados e nos purificar de toda injustiça.
>
> Se afirmarmos que não temos cometido pecado, fazemos de Deus um mentiroso, e a sua palavra não está em nós (1 João 1:8-10).

Algumas pessoas acham que não têm razões para buscar o perdão ou não têm motivos sérios o bastante para perdoar. Porém, depois de uma análise mais atenta, mudam sua perspectiva. O perdão é um percurso que nos aprimora. Permita-se!

A parte mais impressionante da vida do filho de Deus na Terra, para mim, são seus últimos momentos. Após o Getsêmani, quando é entregue aos guardas e começa a receber os piores golpes emocionais que alguém pode receber na vida. As Escrituras relatam que Ele passou pelas piores agressões físicas que existiam na época como castigo aos mais abomináveis criminosos, e sofreu toda humilhação destinada a alguém sem caráter e compaixão. Mas suas mãos estavam limpas e cheias de bons frutos... E ainda assim foram pregadas em uma cruz. Aquele momento levaria qualquer um a desistir de uma alma pura, de um coração perdoador. Mas a maneira como Ele se manteve determinado e firme em sua missão me impressiona. Eu chamo essa cena de "último golpe". O inimigo que Ele enfrentou no deserto viu que sua resistência ia além do esperado, e que o desgaste físico não o faria desistir. Então, de uma forma suja, premeditou uma tortura moral.

> De manhã cedo, todos os chefes dos sacerdotes e líderes religiosos do povo tomaram a decisão de condenar Jesus à morte.
>
> E, amarrando-o, levaram-no e o entregaram a Pilatos, o governador.

> Quando Judas, que o havia traído, viu que Jesus fora condenado, foi tomado de remorso e devolveu aos chefes dos sacerdotes e aos líderes religiosos as trinta moedas de prata.
>
> E disse: "Pequei, pois traí sangue inocente". E eles retrucaram: "Que nos importa? A responsabilidade é sua".
>
> Então Judas jogou o dinheiro dentro do templo, saindo, foi e enforcou-se (Mateus 27:1-5).

O cenário era o pior possível. Emoções à flor da pele. Suicídio, ameaça, traição, conspiração, mentira, inveja e medo.

> Os chefes dos sacerdotes ajuntaram as moedas e disseram: "É contra a lei colocar este dinheiro no tesouro, visto que é preço de sangue".
>
> Então decidiram usar aquele dinheiro para comprar o campo do Oleiro, para cemitério de estrangeiros.
>
> Por isso ele se chama campo de Sangue até o dia de hoje.
>
> Então se cumpriu o que fora dito pelo profeta Jeremias: "Tomaram as trinta moedas de prata, preço em que foi avaliado pelo povo de Israel, e as usaram para comprar o campo do Oleiro, como o Senhor me ordenou".

Jesus foi posto diante do governador, e este lhe perguntou: "Você é o rei dos judeus?". Respondeu-lhe Jesus: "Tu o dizes".

Acusado pelos chefes dos sacerdotes e pelos líderes religiosos, ele nada respondeu.

Então Pilatos lhe perguntou: "Você não ouve a acusação que eles estão fazendo contra você?".

Mas Jesus não lhe respondeu nenhuma palavra, de modo que o governador ficou muito impressionado.

Por ocasião da festa era costume do governador soltar um prisioneiro escolhido pela multidão.

Eles tinham, naquela ocasião, um prisioneiro muito conhecido, chamado Barrabás.

Pilatos perguntou à multidão que ali se havia reunido: "Qual destes vocês querem que lhes solte: Barrabás ou Jesus, chamado Cristo?".

Porque sabia que o haviam entregado por inveja.

Estando Pilatos sentado no tribunal, sua mulher lhe enviou esta mensagem: "Não se envolva com este inocente, porque hoje, em sonho, sofri muito por causa dele".

Mas os chefes dos sacerdotes e os líderes religiosos convenceram a multidão a que pedisse Barrabás e mandasse executar Jesus.

> Então perguntou o governador: "Qual dos dois vocês querem que eu lhes solte?". Responderam eles: "Barrabás!".
>
> Perguntou Pilatos: "Que farei então de Jesus, chamado Cristo?". Todos responderam: "Crucifica-o!".
>
> "Por quê? Que crime ele cometeu?", perguntou Pilatos. Mas eles gritavam mais ainda: "Crucifica-o!".
>
> Quando Pilatos percebeu que não estava obtendo nenhum resultado, mas, pelo contrário, estava se iniciando um tumulto, mandou trazer água, lavou as mãos diante da multidão e disse: "Estou inocente do sangue deste homem; a responsabilidade é de vocês".
>
> Todo o povo respondeu: "Que o sangue dele caia sobre nós e sobre nossos filhos!".
>
> Então Pilatos soltou-lhes Barrabás, mandou açoitar Jesus e o entregou para ser crucificado (Mateus 27:6-26).

Certamente a voz daqueles que Ele veio salvar gritando que o queriam morto era o maior desprezo que alguém poderia receber. As emoções humanas não suportariam tamanha injustiça. Adoecemos por coisas tão menores, agimos rudemente por pequenas injustiças do dia a dia. A tolerância desse homem me fascina! O controle emocional que Ele apresenta é como uma torre forte. Mas Ele não é insensível! Ele continua amando apaixonadamente até a sua morte.

> Então, os soldados do governador levaram Jesus ao Pretório e reuniram toda a tropa ao seu redor.
>
> Tiraram-lhe as vestes e puseram nele um manto vermelho; fizeram uma coroa de espinhos e a colocaram em sua cabeça. Puseram uma vara em sua mão direita e, ajoelhando-se diante dele, zombavam: "Salve, rei dos judeus!".
>
> Cuspiram nele e, tirando-lhe a vara, batiam-lhe com ela na cabeça.
>
> Depois de terem zombado dele, tiraram-lhe o manto e vestiram-lhe suas próprias roupas. Então o levaram para crucificá-lo
>
> Ao saírem, encontraram um homem de Cirene, chamado Simão, e o forçaram a carregar a cruz.
>
> Chegaram a um lugar chamado Gólgota, que quer dizer Lugar da Caveira, e lhe deram para beber vinho misturado com fel; mas, depois de prová-lo, recusou-se a beber.
>
> Depois de o crucificarem, dividiram as roupas dele, tirando sortes.
>
> E, sentando-se, vigiavam-no ali.

Por cima de sua cabeça colocaram por escrito a acusação feita contra ele: ESTE É JESUS, O REI DOS JUDEUS.

Dois ladrões foram crucificados com ele, um à sua direita e outro à sua esquerda.

Os que passavam lançavam-lhe insultos, balançando a cabeça e dizendo: "Você que destrói o templo e o reedifica em três dias, salve-se! Desça da cruz, se é Filho de Deus!".

Da mesma forma, os chefes dos sacerdotes, os mestres da lei e os líderes religiosos zombavam dele, dizendo: "Salvou os outros, mas não é capaz de salvar a si mesmo! E é o rei de Israel! Desça agora da cruz, e creremos nele. Ele confiou em Deus. Que Deus o salve agora, se dele tem compaixão, pois disse: 'Sou o Filho de Deus!'".

Igualmente o insultavam os ladrões que haviam sido crucificados com ele.

E houve trevas sobre toda a terra, do meio-dia às três horas da tarde.

Por volta das três horas da tarde, Jesus bradou em alta voz: "Eloí, Eloí, lamá sabactâni?" que significa: "Meu Deus! Meu Deus! Por que me abandonaste?".

Quando alguns dos que estavam ali ouviram isso, disseram: "Ele está chamando Elias".

> Imediatamente, um deles correu em busca de uma esponja, embebeu-a em vinagre, colocou-a na ponta de uma vara e deu-a a Jesus para beber.
>
> Mas os outros disseram: "Deixem-no. Vejamos se Elias vem salvá-lo".
>
> Depois de ter bradado novamente em alta voz, Jesus entregou o espírito.
>
> Naquele momento, o véu do santuário rasgou-se em duas partes, de alto a baixo. A terra tremeu, e rochas se partiram.
>
> Os sepulcros se abriram, e os corpos de muitos santos que tinham morrido foram ressuscitados.
>
> E, saindo dos sepulcros, depois da ressurreição de Jesus, entraram na cidade santa e apareceram a muitos.
>
> Quando o centurião e os que com ele vigiavam Jesus viram o terremoto e tudo o que havia acontecido, ficaram aterrorizados e exclamaram: "Verdadeiramente este era o Filho de Deus!" (Mateus 27:27-54).

Você consegue traçar um caminho de angústia e aflição para Jesus, Deus em forma de homem, limitado, mas pleno? Ele acompanhara detalhadamente a vida de seu povo desde a criação do mundo, chorara suas dores, alegrara-se com suas conquistas, acompanhara o dilúvio, recomeçara com Noé. Acompanhara Abraão, Isaque, Jacó, José, as tábuas da lei entregues a Moisés, a Terra Prometida... tantos altos e baixos, de misericórdia em misericórdia... e quando por fim encontrou seu povo pessoalmente, recebeu o pior que a humanidade produziu dentro de si. A resiliência de Cristo é modelo para o atleta ferido, o executivo falido, a jovem viúva, e para cada um de nós com todas as nossas mazelas produzidas pela vida. Não podemos mudá-las nem controlar totalmente o que acontece conosco.

Mas, com a mente concentrada em quem somos e em qual é a nossa missão, no final de tudo seremos reconhecidos pela natureza que guardamos em nós. O mesmo centurião e os mesmos guardas que cuspiram em Jesus depois de deixá-lo nu diante de todos, que puseram-lhe uma coroa de espinhos na cabeça enquanto o ridicularizavam, vendo as coisas que haviam acontecido depois do terremoto tiveram grande temor e disseram: "Verdadeiramente este era o Filho de Deus!".

O perdão, o controle e a espera produziram um vencedor. Por muito pouco ele invalidaria todo o seu trabalho até ali. Por pequenos detalhes quase sempre colocamos tudo a perder. Mas a manutenção que Ele dava a sua vida pessoal e ao seu vínculo com o eterno era constante, porque, apesar de otimista, Ele era um realista sóbrio com uma fé equilibrada e sabia que a vida não seria fácil.

> "Jesus disse: 'Pai, perdoa-lhes, pois não sabem o que estão fazendo'" (Lucas 23:34).

Não vou mais levar comigo:

____

____

____

____

____

____

____

5

O que meu corpo está falando?

Nosso corpo é o lugar onde moramos, mas pouca gente se relaciona com ele assim. Normalmente, nos lembramos dele apenas quando alguma dor incomoda, ou quando a aparência traz algum desconforto social, ou quando ele apresenta alguma disfunção. Mas nosso corpo fala, e fala muito! A começar pela postura que assumimos no dia a dia até as preferências alimentares, a resistência a determinados esforços, o sono.

O corpo começa a dar dicas sutis, assim como a luz do painel do carro avisa que está acabando o combustível e o tanque está na reserva. Se não ficarmos atentos, seremos surpreendidos com o carro parado no meio da rua. Nossas emoções são tão fortes e influentes que conseguem manipular hormônios e algumas funções orgânicas dentro de nós. O ambiente em que vivemos e a maneira como nos relacionamos com ele influenciam em nossa saúde.

Quase todas as pessoas que conheço têm reflexos físicos de uma vida marcada pelo estresse. A ansiedade, a insônia, os vícios, a depressão, a obesidade, as alergias respiratórias e os transtornos gástricos são avisos de que o corpo precisa de uma revisão.

Já presenciei o caso de uma mulher que desenvolveu demência, mesmo sem histórico familiar, após um episódio altamente traumático em seu casamento. Quando fui ministrar a cura na vida dessa senhora, vi nitidamente que ela, de maneira inconsciente, decidiu se ausentar de uma realidade da qual não gostava. Por algum motivo ela se sentia incapaz de mudar aquela realidade e preferiu ir para um outro lugar em sua mente, onde as dores e os maus-tratos não pudessem acessá-la. O organismo dela obedeceu ao comando e os diagnósticos testificaram: essa mulher sofreu maus-tratos e assédio moral por muitas décadas até desistir de viver. E quando estive com ela busquei em seus olhos a identidade que eu queria trazer de volta, ainda que estivesse por um fio. As reações dela ao olhar para mim foram surpreendentes e a família não pôde acreditar. Ela sorria e tentava falar como quem queria sair daquela prisão construída para sua própria proteção. E quando expus aos filhos dela o que acontecia, todos reconheceram os abusos que aquela senhora sofrera e disseram que nenhum deles tinha tido coragem de contrariar o pai em relação a esse comportamento tão destrutivo. Conversei com ela, oramos juntas, e eu fiz de tudo para que ela sempre se lembrasse do caminho de volta. Mas a responsabilidade da cura é sempre pessoal. A autorresponsabilidade espiritual é o maior sinal de maturidade da fé. Esperar que os outros façam isso por nós é planejar o escape caso algo não dê certo; ausentar-se da responsabilidade da escolha com uma religiosidade mística em que "os astros" decidem o seu destino.

Jesus, o homem que mais curou pessoas em todos os tempos, mostrou-nos como usar o poder de Deus para viver o milagre de forma responsável e madura. O Evangelho de João narra a cura de um paralítico, deixando clara a dinâmica de Jesus:

> Algum tempo depois, Jesus subiu a Jerusalém para uma festa dos judeus.
>
> Há em Jerusalém, perto da porta das Ovelhas, um tanque que, em aramaico, é chamado Betesda, tendo cinco entradas em volta.
>
> Ali costumava ficar grande número de pessoas doentes e inválidas: cegos, mancos e paralíticos. Eles esperavam um movimento nas águas.

De vez em quando descia um anjo do Senhor e agitava as águas. O primeiro que entrasse no tanque, depois de agitadas as águas, era curado de qualquer doença que tivesse.

Um dos que estavam ali era paralítico fazia trinta e oito anos.

Quando o viu deitado e soube que ele vivia naquele estado durante tanto tempo, Jesus lhe perguntou: "Você quer ser curado?".

Disse o paralítico: "Senhor, não tenho ninguém que me ajude a entrar no tanque quando a água é agitada. Enquanto estou tentando entrar, outro chega antes de mim".

Então Jesus lhe disse: "Levante-se! Pegue a sua maca e ande".

Imediatamente o homem ficou curado, pegou a maca e começou a andar. Isso aconteceu num sábado, e, por essa razão, os judeus disseram ao homem que havia sido curado: "Hoje é sábado, não lhe é permitido carregar a maca".

Mas ele respondeu: "O homem que me curou me disse: 'Pegue a sua maca e ande'". Então lhe perguntaram: "Quem é esse homem que lhe mandou pegar a maca e andar?".

O homem que fora curado não tinha ideia de quem era ele, pois Jesus havia desaparecido no meio da multidão.

Mais tarde Jesus o encontrou no templo e lhe disse: "Olhe, você está curado. Não volte a pecar, para que algo pior não lhe aconteça".

O homem foi contar aos judeus que fora Jesus quem o tinha curado.

Então os judeus passaram a perseguir Jesus, porque ele estava fazendo essas coisas no sábado.

Disse-lhes Jesus: "Meu Pai continua trabalhando até hoje, e eu também estou trabalhando".

Por essa razão, os judeus mais ainda queriam matá-lo, pois não somente estava violando o sábado, mas também estava até mesmo dizendo que Deus era seu próprio Pai, igualando-se a Deus.

Jesus lhes deu esta resposta: "Eu lhes digo verdadeiramente que o Filho não pode fazer nada de si mesmo; só pode fazer o que vê o Pai fazer, porque o que o Pai faz o Filho também faz. Pois o Pai ama o Filho e lhe mostra tudo o que faz. Sim, para admiração

> de vocês, ele lhe mostrará obras ainda maiores do que estas. Pois, da mesma forma que o Pai ressuscita os mortos e lhes dá vida, o Filho também dá vida a quem ele quer dá-la" (João 5:1-21).

Você quer? Então levante-se, pegue sua maca e ande!

Durante 38 anos, aquele paralítico esperou que alguém o ajudasse. E o Mestre olhou para ele transpondo qualquer limitação física e tocou no gatilho da mente que o faria se levantar. O poder do filho de Deus está à disposição de todos. Quando o conhecemos temos acesso a essa sabedoria e somos libertos. A consciência desse potencial nos faz como ele, realizadores e dedicados a Deus, sabedores de que o bem do qual dispomos tem uma fonte inesgotável que está no céu. Aqui na Terra somos a extensão dEle para fazer o que Ele fez e coisas ainda maiores, como a Bíblia nos ensina.

Mas é preciso autorresponsabilidade para isso. Algumas pessoas acham que podem tratar de qualquer forma o templo onde moram e que, por causa de sua fé, se um dia adoecerem, Deus terá a obrigação de curá-las. Outras, voltam a maltratar o próprio corpo após receberem uma cura ou fazem mau uso de suas emoções depois de uma libertação, e com o tempo adoecem novamente e se amarguram porque não acham justo que o corpo reaja à forma com que lidam com ele. Os vícios emocionais são práticas destrutivas que sustentam todo comportamento nocivo. Vamos desarmar essa bomba?

Desde quando eu era criança o meu corpo sofre com as consequências da ansiedade e da carência. Na minha casa todos eram magros, mas eu sempre descontava minhas insatisfações e frustações na comida. Para muitas pessoas, a comida ocupa o lugar do afeto e da satisfação pessoal. E administrada de forma errada, ela sobrecarrega o corpo com um excesso de peso que nunca vai eliminar a carência. Pelo contrário, só agregará mais frustração e isolamento. Eu comia de forma compulsiva, e quase punitiva porque agredia o meu corpo. E por ser ainda muito nova, eu não sabia dizer como estava me sentindo. Quando adulta percebi que confissões queimam calorias. Falar da dor no lugar certo emagrece.

Evitar os dilemas por medo da dor e procrastinar um tratamento emocional e espiritual é como suspender por tempo indeterminado a realização dos seus mais belos sonhos. Nenhum de nós pretende viver limitado. Nossa dificuldade é conseguir acreditar em uma nova versão de nós mesmos. Dedique um tempo pensando um pouco sobre isso hoje.

6

Quero fugir!

O confronto é absolutamente desconfortável. E nem sempre é algo consciente ou proposital. Somos confrontados quando inseridos em um ambiente saudável que não compartilha do mesmo padrão doentio que o nosso. Todos nós possuímos, em alguma proporção, uma área ou outra que precisa ser aprimorada. Diante disso, temos duas opções: sabotar esse confronto ou crescer e se aproveitar dele, ou melhor, aprender o máximo possível com ele.

Estipulei uma meta em minha vida: se algo muito ruim acontecer comigo, tenho que aprender e crescer 7 vezes mais que o mal e a dor que isso me causar. Talvez eu seja um pouco competitiva, mas, nesse caso, usei uma característica da minha personalidade a meu favor.

A lucidez e a vigilância dão a você flexibilidade para tirar vantagem de suas tendências. Assuma-se com humildade e cresça também com seus defeitos utilizando-os a seu favor.

O desconforto é gradativamente menor à medida que o enfrentamos e falamos sobre ele. Mas as fugas são tentações traiçoeiras. O sentimento de aprovação é sempre muito confortável; porém, o lugar onde nos sentimos mais confortáveis nem sempre é o melhor lugar para nós.

Existe um homem na Bíblia que representa muito de nós nos momentos de fuga. Seu nome é Jonas, e a ele veio uma palavra do Senhor dizendo:

> "Vá depressa à grande cidade de Nínive e pregue contra ela, porque a sua maldade subiu até a minha presença".
>
> Mas Jonas fugiu da presença do Senhor, dirigindo-se para Társis. Desceu à cidade de Jope, onde encontrou um navio que se destinava àquele porto. Depois de pagar a passagem, embarcou para Társis, para fugir do Senhor (Jonas 1:2-3).

Tal como Jonas, que não quis ir à cidade de Nínive, em muitas ocasiões não queremos fazer o que sabemos que é certo. Cansamos de frustrar nossas próprias expectativas talvez por assumir um comportamento errado. Nesse momento, a espiritualidade saudável se manifesta na humildade de fazer o que é certo.

Deus foi muito generoso com Jonas, porque tirou-o de sua zona de conforto:

> O Senhor, porém, fez soprar um forte vento sobre o mar, e caiu uma tempestade tão violenta que o barco ameaçava arrebentar-se.
>
> Todos os marinheiros ficaram com medo e cada um clamava ao seu próprio deus. E atiraram cargas ao mar para tornar mais leve o navio. Enquanto isso, Jonas, que tinha descido para o porão e se deitado, dormia profundamente.
>
> O capitão dirigiu-se a ele e disse: "Como você pode ficar aí dormindo? Levante-se e clame ao seu deus! Talvez ele tenha piedade de nós e não morramos" (Jonas 1:4-6).

Por que, quando estamos fugindo, não falamos com Deus? Porque nossa disciplina de oração diminui. Ficamos resistentes e calados.

> Então os marinheiros combinaram entre si: "Vamos tirar sortes para descobrir quem é o responsável por esta desgraça que se abateu sobre nós". Tiraram sortes, e a sorte caiu sobre Jonas.

Por isso lhe perguntaram: "Diga-nos, quem é o responsável por esta calamidade? Qual é a sua profissão? De onde você vem? Qual é a sua terra? A que povo você pertence?".

Ele respondeu: "Eu sou hebreu, adorador do Senhor, o Deus dos céus, que fez o mar e a terra".

Com isso eles ficaram apavorados e perguntaram: "O que foi que você fez?", pois sabiam que Jonas estava fugindo do Senhor, porque ele já lhes tinha dito.

Visto que o mar estava cada vez mais agitado, eles lhe perguntaram: "O que devemos fazer com você, para que o mar se acalme?".

Respondeu ele: "Peguem-me e joguem-me ao mar, e ele se acalmará. Pois eu sei que é por minha causa que esta violenta tempestade caiu sobre vocês".

Ao invés disso, os homens se esforçaram ao máximo para remar de volta à terra. Mas não conseguiram, porque o mar tinha ficado ainda mais violento.

Então eles clamaram ao Senhor: "Senhor, nós suplicamos, não nos deixes morrer

> por tirarmos a vida deste homem. Não caia sobre nós a culpa de matar um inocente, porque tu, ó Senhor, fizeste o que desejavas".
>
> Então, pegaram Jonas e o lançaram ao mar enfurecido, e este se aquietou.
>
> Ao verem isso, os homens adoraram ao Senhor com temor, oferecendo-lhe sacrifício e fazendo-lhe votos.
>
> Então o Senhor fez com que um grande peixe engolisse Jonas, e ele ficou dentro do peixe três dias e três noites (Jonas 1:7-17).

Quantas vezes eu estive na barriga do peixe, um lugar para onde Deus nos leva a fim de que purifiquemos nossa consciência e revisemos nossas reais motivações. Aos 18 anos, ouvi a voz de Deus dizendo que eu viveria para Ele, dedicando meus dons para fazer o bem e ensinar o Evangelho de diversas formas às pessoas. No começo, parecia muito animador imaginar que eu seria alguém importante. Eu não fazia ideia de quantas décadas demorariam para isso acontecer e o quanto eu teria que ser confrontada e transformada para isso. Tudo o que havia em mim precisava ser tocado por Deus. E a vida me traria oportunidades para entender isso, cada uma a seu tempo, à medida que eu suportasse tantos ajustes e desafios. A ansiedade com certeza foi uma das coisas que Deus tratou em mim. O orgulho, a carência, as compulsões... Eu decido todos os dias ouvi-lo e deixar que sua verdade me molde. Jonas devia ter suas razões para resistir à missão que recebeu, mas Deus não nos direciona a fazer nada que não vá nos melhorar como pessoa no decorrer do caminho. Seus planos são perfeitos! Mas veja como Jonas resistia:

> Lá de dentro do peixe, Jonas orou ao Senhor, ao seu Deus.
>
> Ele disse: "Em meu desespero clamei ao Senhor, e ele me respondeu. Do ventre da morte gritei por socorro, e ouviste o meu clamor.
>
> Jogaste-me nas profundezas, no coração dos mares; correntezas formavam turbilhão ao meu redor; todas as tuas ondas e vagas passaram sobre mim. Eu disse: Fui expulso da tua presença; contudo, olharei de novo para o teu santo templo. As águas agitadas me envolveram, o abismo me cercou, as algas marinhas se enrolaram em minha cabeça.
>
> Afundei até os fundamentos dos montes; à terra cujas trancas estavam me aprisionando para sempre. Mas tu trouxeste a minha vida de volta da cova, ó Senhor meu Deus! Quando a minha vida já se apagava,

eu me lembrei de ti, Senhor, e a minha oração subiu a ti, ao teu santo templo.

Aqueles que acreditam em ídolos inúteis desprezam a misericórdia.

Mas eu, com um cântico de gratidão, oferecerei sacrifício a ti. O que eu prometi cumprirei totalmente. A salvação vem do Senhor".

E o Senhor deu ordens ao peixe, e ele vomitou Jonas em terra firme (Jonas 2:1-10).

O arrependimento transforma a dor em sabedoria. Jonas falou com Deus que iria fazer o que tinha sido pedido a ele. E Deus colocou Jonas no lugar certo. Então:

A palavra do Senhor veio a Jonas pela segunda vez com esta ordem: "Vá à grande cidade de Nínive e pregue contra ela a mensagem que eu vou dar a você".

E Jonas obedeceu à palavra do Senhor e foi para Nínive. Era uma cidade muito grande; demorava-se três dias para percorrê-la.

Jonas entrou na cidade e a percorreu durante um dia, proclamando: "Daqui a quarenta dias Nínive será destruída".

Os ninivitas creram em Deus. Proclamaram jejum, e todos eles, do maior ao menor, vestiram-se de pano de saco.

Quando as notícias chegaram ao rei de Nínive, ele se levantou do trono, tirou o manto real, vestiu-se de pano de saco e sentou-se sobre cinza.

Então fez uma proclamação em Nínive: "Por decreto do rei e de seus nobres: Não é permitido a nenhum homem ou animal, bois ou ovelhas provar coisa alguma; não comam nem bebam! Cubram-se de pano de saco, homens e animais. E todos clamem a Deus com todas as suas forças. Deixem os maus caminhos e a violência. Talvez Deus se arrependa e abandone a sua ira, e não sejamos destruídos".

Deus viu o que eles fizeram e como abandonaram os seus maus caminhos. Então Deus se arrependeu e não os destruiu como tinha ameaçado.

Mas Jonas ficou profundamente descontente com isso e enfureceu-se.

Ele orou ao Senhor: "Senhor, não foi isso que eu disse quando ainda estava em casa? Foi por isso que me apressei em fugir para Társis. Eu sabia que tu és Deus misericordioso e compassivo, muito paciente, cheio de amor e que promete castigar mas depois se arrepende. Agora, Senhor, tira a minha vida, eu imploro, porque para mim é melhor morrer do que viver".

O Senhor lhe respondeu: "Você tem alguma razão para essa fúria?".

Jonas saiu e sentou-se num lugar a leste da cidade. Ali, construiu para si um abrigo, sentou-se à sua sombra e esperou para ver o que aconteceria com a cidade.

Então o Senhor Deus fez crescer uma planta sobre Jonas, para dar sombra à sua cabeça e livrá-lo do calor, e Jonas ficou muito alegre.

Mas na madrugada do dia seguinte, Deus mandou uma lagarta atacar a planta de modo que ela secou.

Ao nascer do sol, Deus trouxe um vento oriental muito quente, e o sol bateu na cabeça de Jonas, a ponto de ele quase desmaiar. Com isso ele desejou morrer, e disse: "Para mim seria melhor morrer do que viver".

Mas Deus disse a Jonas: "Você tem alguma razão para estar tão furioso por causa da planta?". Respondeu ele: "Sim, tenho! E estou furioso a ponto de querer morrer".

> Mas o Senhor lhe disse: "Você tem pena dessa planta, embora não a tenha podado nem a tenha feito crescer. Ela nasceu numa noite e numa noite morreu. Contudo, Nínive tem mais de cento e vinte mil pessoas que não sabem nem distinguir a mão direita da esquerda, além de muitos rebanhos. Não deveria eu ter pena dessa grande cidade?" (Jonas 3:1-10 e 4:1-11).

Quando ainda guardamos feridas mal resolvidas, perdemos o discernimento, como aconteceu com Jonas. Mesmo depois de decidir obedecer, ele não aceitou o final que Deus deu àquele povo. Ou seja, mesmo agindo em nome de Deus, Jonas mantinha oculta uma missão pessoal. A vontade de Deus era que o povo de Nínive se arrependesse, mas Jonas anunciou o castigo de Deus desejando que ninguém o fizesse. Todos se arrependeram. Pela dificuldade de lidar com a determinação daquele povo, porque certamente confrontava a resistência que ele tinha de se submeter a Deus completamente, e por discordar do livramento que Deus deu àquela cidade, Jonas preferiu pedir pela morte.

Ele fez isso verbalmente, mas muitos de nós atraímos a morte com comportamentos irresponsáveis e autodestrutivos, cometendo todo tipo de excesso com nossa saúde.

7

O valor da experiência

Você já se surpreendeu olhando para o passado? Já ficou absorvido, por instantes, refletindo sobre alguma experiência que deixou marcas em sua vida?

É quase impossível alguém chegar à maturidade sem ter experimentado momentos difíceis, traumáticos e negativos. Nossa vida é toda feita de experiências, e, paradoxalmente, não são exclusivamente as experiências boas que nos fortalecem: são as ruins que nos tornam mais fortes e resistentes.

Se é assim, e a biografia de grandes homens e mulheres da história confirma, qual postura será a mais acertada diante das experiências que nos machucaram, aquelas amargas que a vida nos desafiou a enfrentar? E como devemos lidar com as que nos envergonharam? Suprimindo-as? Tirando proveito e lições delas?

Há um ditado popular que diz: "Se a vida der a você um limão, faça com ele uma limonada". Bem, parece que esse é o sentido correto da nossa ação, já que não temos controle sobre aquilo que a vida trará para nós. Podemos cuidar bem de nossa saúde, mas quem pode se livrar de um problema genético? Podemos planejar nossa vida financeira e recorrer às melhores aplicações disponíveis no mercado, mas quem poderá se safar de um golpe ou de uma crise econômica? Há coisas que fogem do nosso controle, mas a decisão sobre o que iremos fazer com as situações que enfrentamos está dentro de você e de mim.

A vida tem dado o limão a pessoas que o jogam fora. Outras querem arremessar o limão de volta, enfim. Mas no calor das emoções, um suco de limão bem refrescante é uma boa alternativa. Revoltar-se? Não, a situação já aconteceu e deixou marcas. Suprimir, tentar apagar da memória? A nossa memória imediata, de curto prazo, poderá até abandonar as lembranças, mas não a memória episódica, onde ficam registradas as nossas experiências de vida. Um dia, diante de uma situação semelhante, ela avisará: "Ei! Estou aqui".

Acredito que você já consegue perceber que das opções disponíveis para lidar com as experiências negativas do passado, tentar enterrá-las não é a melhor delas.

As memórias vivem junto de nós. Lembra-se daquele garoto hebreu que foi vendido por seus irmãos? O que houve com ele?

Estou falando de José, mais conhecido como "José do Egito". Sua história começa no Capítulo 37 do Gênesis. Posso resumi-la aqui e depois você a lê com mais calma. José era o filho preferido de Jacó e tinha outros 11 irmãos. Um dia ele teve um sonho, e a interpretação dada para as imagens que sonhou foi a de que ele se destacaria entre os irmãos e até mesmo em relação a seus pais. A revelação do sonho causou furor na família, e seus irmãos tramaram uma vingança. Tentaram sabotar o sonho de José para que sua história de sucesso não se realizasse.

Mal sabiam eles que aquele sonho era um mapa do futuro que Deus havia desenhado para José. E mais. Embora José fosse o protagonista, seus pais e seus irmãos se beneficiariam da posição de destaque preparada por Deus para o garoto.

Certo dia, quando todos, exceto Jacó, seu pai, estavam no campo cuidando dos rebanhos, José foi violentamente lançado numa cova para que ficasse ali abandonado até morrer. Um de seus irmãos, ressentido pelo gesto, sugeriu vender o caçula para mercadores estrangeiros que se dirigiam ao Egito. E assim fizeram.

No Egito, o plano de Deus para José começou a acontecer. As portas foram abertas e devido à sabedoria e à perspicácia do garoto, e em alguns anos ele alcançou uma posição de absoluto destaque no país. Dentre os poderosos do império, ele era o segundo na hierarquia. Era como um ministro do planejamento.

Você sabe como a história termina? Houve fome na região onde a família de José morava. Seus irmãos foram ao Egito procurar alimentos, e o responsável pelas vendas era José, agora um alto funcionário na administração local. Eles se reuniram, mas não reconheceram o caçula, agora em novos trajes, cabelos com novo corte, ostentação de joias e com servidores à disposição. José teve os irmãos na palma de sua mão. Poderia mandar prendê-los por tempo indeterminado. Poderia mandar matar aqueles que anos antes deram a ele um limão. E o que José fez?

José, o jovem que sonhou o sonho de Deus, tomou um caminho positivo. Perdoou seus irmãos, acolheu a todos e mandou buscar o restante da família, mas a memória do drama vivido no passado ainda estava lá. Ele não esqueceu a experiência negativa. Simplesmente escolheu não edificar sua vida sobre ela! E como é bom quando temos força interior para fazer diferente do que a maioria das pessoas faz e espera que façamos também.

Essa é uma virtude que podemos cultivar no dia a dia: fazer as escolhas certas sobre os rumos de nossa vida. Se podemos escolher – e nós podemos! –, então que façamos as melhores escolhas. José soube lidar com as amarguras do passado e construiu uma belíssima história de superação e sucesso. E o que nos impede de fazer o mesmo? Penso que a maioria de nós não experimentou um drama tão impiedoso quanto o dele, por isso, podemos dar a volta por cima, deixando o passado para trás e partindo para uma nova etapa de vitórias, extraindo lições significativas para nos fortalecer.

E aqui reside outro aspecto importante a ser aprendido: identificar as lições presentes em cada experiência. Ver os fatos com olhar crítico e perceber o que pode ser melhorado. Reconhecer os nossos pontos fracos e trabalhar sobre eles para que estejamos mais fortes quando o próximo obstáculo se levantar, porque a vida é feita de muitas barreiras. Os fracos desistem, desanimam, jogam a toalha, mas aqueles que confiam no Senhor levantam-se, não ficam prostrados. Tiram forças da fraqueza e animam-se quando já não há esperanças. José poderia ter se lamentado pelo dia que comentou sobre o sonho com seus irmãos. Foi ali que ele chamou atenção de todos e quando nasceu o sentimento de revolta entre eles.

Jó não foi tão bem-sucedido quanto José ao lidar com o seu problema. Diz a Bíblia que Jó amaldiçoou o dia em que nasceu. Ele foi alvo da misericórdia de Deus um tempo depois, porque a misericórdia do Senhor não leva em conta as nossas fraquezas. Acredito que não seja a melhor atitude ficar remoendo o que poderia ter sido feito no passado. O apóstolo Paulo nos ensina a olhar para a frente, não para o passado.

E por falar em Paulo, ele é outro exemplo de pessoa que soube lidar bem com as traquinagens que a vida apronta conosco. Dos apóstolos de Jesus, ele foi um dos que mais sofreu: fome, nudez, açoites, perseguição, rejeição, condenação, naufrágio, confrontos intelectuais, batalhas espirituais. Nossa, quanta coisa! Como foi que ele reagiu? Ele ficou lamentando o dia que entregou a sua vida a Jesus Cristo? Arrependeu-se por ter deixado o judaísmo? Não. Pelo contrário, ele nos deixou uma excelente receita:

> Irmãos, não penso que eu mesmo já o tenha alcançado, mas uma coisa faço: esquecendo-me das coisas que ficaram para trás e avançando para as que estão adiante, prossigo para o alvo, a fim de ganhar o prêmio do chamado celestial de Deus em Cristo Jesus (Filipenses 3:13-14).

Veja só que postura elegante diante de todas as amarguras pelas quais ele passou. Será que podemos imitar o gesto do apóstolo? Claro que podemos. Tanto é que ele nos convida a fazer o mesmo:

> "Irmãos, sigam unidos o meu exemplo e observem os que vivem de acordo com o padrão que lhes apresentamos" (Filipenses 3:17, ênfase acrescentada).

As experiências do passado servem de combustível para o presente. Pessoas que atravessam tempestades aprendem a identificar as mudanças climáticas quando elas se aproximam e se preparam melhor para enfrentar os novos desafios. Já pessoas que se demoram olhando para as quedas não aprendem a se levantar, têm dificuldade em encarar de frente uma barreira e sentem-se muito fracas se precisarem lutar contra qualquer desafio. Mas não é esse o objetivo principal enquanto temos vida. Ao contrário, Deus não permite que enfrentemos lutas maiores do que as que podemos superar.

Em 1 Coríntios 10:13, lemos que as dificuldades que enfrentamos no cotidiano são comuns a todos, mas há uma diferença entre nós e aqueles que não confiam no Senhor. As lutas pelas quais passamos são proporcionais à nossa força, e Deus, fiel como é, não permite que sejamos tentados além do que podemos suportar. O texto ainda conta que diante de uma tentação Deus providencia uma rota de fuga para podermos escapar. No entanto, essa rota de fuga surge para aqueles que encaram o problema, que o tomam com as unhas, sendo fortes e corajosos.

Depois de tudo o que expus a você neste capítulo, espero que a sua postura diante das experiências negativas seja a mais produtiva possível. Espero que você as coloque no devido lugar, após ter extraído delas as principais lições que farão de você uma pessoa mais forte, mais vigorosa do ponto de vista emocional, e que o seu olhar para o futuro fique mais aguçado do que nunca.

Não acredite que os percalços pelos quais passou descredenciam você para usufruir os melhores cenários que estão por vir. Ao contrário! Não permita que a voz negativa desanime seus planos, enfraqueça sua disposição nem escureça sua visão. Olhe para a frente e para o alto, de onde sempre vem o nosso socorro. O que passou, passou. O Senhor nos perdoou e nem mesmo ele se lembra do passado, pois o nosso Deus vai à nossa frente. Para trás ficam as ocorrências, conosco vão as experiências, e o futuro nos aguarda com melhores vivências. É nisso que acredito.

8

Autenticidade

Por que a vida particular de muitas pessoas de sucesso é uma fraude? Você já parou para pensar sobre isso? Não é incomum ouvirmos histórias de fracassos pessoais, de decadência moral, de amarguras profundas na alma vindas de alguém que está na mídia e com frequência aparece sorridente, rodeada de pessoas bonitas, bem vestidas, bem-sucedidas e realizadas. Já lhe ocorreu que muitas dessas situações não correspondem à realidade? Já passou pela sua cabeça que essas imagens positivas são como cenas de uma novela, na qual essas pessoas encenam uma vida irreal, que elas não vivem, uma vida artificial, e o fazem tão somente para manter uma aparência e nutrir um personagem que elas mesmas criam e sustentam?

Infelizmente isso não acontece apenas com pessoas do meio artístico ou político. A situação se repete entre muitos outros grupos sociais. Há inúmeros anônimos que também não se contentam com a própria vida, com a situação econômica, cultural e social que ocupam. E como não conseguem mudar as coisas ao seu redor, acabam por assumir uma falsa postura, uma existência de fachada, e passam a viver de aparências, levando uma vida que em nada corresponde à verdade, à sua verdade. Criam um roteiro, elaboram um perfil e passam a se comportar em função de um ideal que existe apenas na cabeça deles.

O resultado não pode ser outro senão a frustração permanente, a decepção a médio prazo e uma vida de ilusão na qual as ditas realizações são apenas nuvens passageiras. Não há nada de sólido em que se apoiar, e no final das contas não é possível sustentar as próprias fantasias.

Se essas pessoas se dizem cristãs, enfrentam um problema ainda maior e mais danoso, porque o nosso Deus sabe de todas as coisas, e diante de seus olhos nós não podemos nos esconder nem fantasiar ou dissimular a realidade. Veja, por exemplo, o que diz o Salmo 26:2-3: "Sonda-me, Senhor, e prova-me, examina o meu coração e a minha mente; pois o teu amor está sempre diante de mim, e continuamente sigo a tua verdade".

Como é possível enganar a um Deus que sabe todas as coisas sobre cada um de nós? A resposta é: simplesmente *não dá!* Não enganamos a Deus; enganamos a nós mesmos quando criamos uma pseudovida, uma falsa realidade para impressionar as pessoas à nossa volta e elevar a nossa autoestima. A Bíblia diz ainda que nada podemos *contra* a verdade, somente *pela* verdade. Entrar no jogo da ilusão e da falsidade é arriscado, porque a vida pode machucar quando não a levamos a sério.

As pessoas que não conhecem a Deus ou o conhecem pouco não se dão conta da riqueza que é experimentar o dom do Senhor. Imagine que Ele criou cada um de nós sem cópia. Somos únicos, exclusivos. Não foram criados 2 Moisés, por exemplo. Não foram criados 2 profetas Isaías ou 2 apóstolos Pedro. Deus criou cada um de nós em uma única versão e jogou a forma fora. Do mesmo modo, quando ele nos chama para viver uma nova vida cheia da graça, ele faz sabendo quem éramos, quais as nossas experiências do passado, quais as nossas virtudes e os nossos defeitos. Deus sabia e sabe todas as coisas sobre nós, e as conhece melhor e mais claramente do que nós mesmos conhecemos!

Quando nos chama de "filhos", de "amados", Ele sabe exatamente com quem está lidando, e é tolice tentar enganar a Deus forçando uma situação irreal, ilusória, porque Ele sabe de tudo. E isso é bom, porque nos motiva a experimentar uma vida autêntica, não uma fantasia ou encenação barata.

Depois que Jesus morreu, muitos de seus discípulos imaginaram que tudo estaria acabado. Com a morte do líder, os futuros apóstolos desanimaram do projeto de pregar a boa-nova a todos os povos. Então, encabeçados por Pedro, eles voltaram para a velha vida. Alguns deles eram pescadores e retomaram suas redes, seus barquinhos e foram para o mar da Galileia exercer sua antiga profissão. Acontece que Jesus ressuscitou e foi ao encontro deles na praia onde haviam passado toda a madrugada tentando pescar, sem sucesso.

Ao amanhecer, estando ainda dentro do barco a uns 100 metros da orla, Pedro olhou e viu Jesus em terra firme. Que susto ele deve ter levado! Pedro lançou-se na água deixando o barco, as redes e seus amigos para trás, e assim que chegou à praia jogou-se aos pés de Jesus e o adorou. Jesus, então, deve ter trocado algumas palavras com Pedro e este deve ter ficado meio sem jeito, desconsertado, porque o trato era que eles saíssem pelo mundo pregando o Evangelho.

O Mestre deu a Pedro uma nova chance. Para selar essa renovação do compromisso, Jesus perguntou ao seu discípulo se ele o amava. A primeira resposta de Pedro foi: "Sim, Senhor, tu sabes que te amo". Mas Jesus não pode ser enganado nem ficaria iludido com uma resposta aquém da verdade. Pedro pensou que poderia contornar a situação, falsear a realidade, mudando-a para que ele ficasse bem diante de seu Mestre. Mas Jesus repetiu a pergunta. Imagino o desconforto sentido pelo pescador quando ouviu a mesma pergunta que acabara de responder afirmativamente. Já com a boca seca, ele também repetiu a resposta que não tinha convencido Jesus da primeira vez: "Sim, Senhor, tu sabes que te amo". Mas como Jesus poderia enviar um apóstolo ao mundo se este não sofresse um choque de realidade? Como impactaria as nações se ele mesmo não tivesse sido impactado pelo saber superior e pleno de Jesus, o Filho de Deus?

Então veio o ultimato, Jesus repetiu a pergunta pela terceira vez: "Você me ama?". O choque de realidade fora dado e o futuro apóstolo sentiu a força e a intensidade daquelas palavras. A verdade nos chacoalha, nos toma em suas mãos e dela não há como escapar. A demonstração disso está na resposta, já em tom mais ameno e menos altivo, dada por Pedro: "Senhor, tu sabes todas as coisas e sabes que te amo" (João 21:15-17).

Por que uma pergunta igual teve uma resposta diferente? Ou ainda, por que uma pessoa muda a resposta dada anteriormente? Porque diante do Senhor não podemos levar uma vida de personagem, não podemos nos comportar como se estivéssemos num palco ou *set* de gravações. A verdade de Deus, bem como a verdade da vida, nos deixa desarmados. Diante de Deus estamos despidos de nossas fantasias, dos adereços e enfeites que maquiam o nosso ser. Acredite nisto: a vida que merece ser vivida deve ser autêntica.

Como devemos agir para mudar o nosso comportamento? Talvez você não seja como Pedro, turrão, omisso. Mas sempre é possível encontrar uma pequena dose de dissimulação em relação a alguns aspectos da nossa vida. Será preciso tratar isso para não sermos pegos de surpresa. O Senhor quer que sejamos íntegros, e isso significa cuidar de cada recôndito de nossa alma, zelando para que a autenticidade seja uma marca que se encontre em todo o nosso ser: corpo, e espírito.

Para atingir esse nível de excelência, devemos conhecer Jesus como ele é e saber que nada pode ser escondido dos seus poderosos e amorosos olhos. Esse é o primeiro ponto. Quando conhecemos a Jesus como ele é, não a caricatura que pode ser feita dEle, somos motivados a nos livrar de toda a bagagem desnecessária que carregamos por aí, lançando o peso da insegurança e da temeridade sobre os ombros dEle. Foi Jesus mesmo quem disse isto: "Tomem sobre vocês o meu jugo e aprendam de mim, pois sou manso e humilde de coração" (Mateus 11:29). Certamente há pessoas que imaginam ser complicado seguir Jesus e que ele impõe restrições difíceis de serem seguidas para o homem do nosso tempo. Pois é o oposto disso; já que a carga de Jesus é leve, ela não cria fantasias, ilusões, falsidades nem dissimulações. As pessoas que vivem uma vida irreal precisam sempre dobrar a atenção no que fazem e falam, para que não caiam em contradição. Isso não é terrível? Não seria melhor se vivessem de forma autêntica?

Para finalizar, quero mostrar o resultado positivo de ser confrontado pela verdade de Jesus. Quando estava no final de sua vida, Pedro, aquele velho Pedro da praia, escreveu duas cartas. Na primeira delas, deixou transparecer a lição aprendida naquela manhã na Galileia. Ele escreveu: "Lancem sobre ele [Jesus] toda a sua ansiedade, porque ele tem cuidado de vocês" (1 Pedro 5:7).

Jesus cuida de nós não somente nas questões materiais. A ansiedade em relação às coisas à nossa volta pertence ao campo emocional, e Pedro, depois de tudo o que experimentou em sua vida, confessou que o cuidado de Deus era real até nas coisas relacionadas à alma, ao espírito, não somente ao corpo. Ser confrontado pelo Mestre e ter optado por desarmar-se diante das circunstâncias provou que de fato Jesus era a melhor opção para Pedro. Não tenha dúvida de que será a melhor opção para você também.

9

Não é o fim

Quem pode viver até realizar todos os seus sonhos?

Pergunta difícil essa. Tão difícil que não temos resposta satisfatória nem exata. E há diversos motivos pelos quais não podemos dar uma resposta perfeita. Por exemplo: não há limites para os nossos sonhos. À medida que amadurecemos e avançamos no tempo de nossa breve existência, passamos a ver o mundo com outros olhos. A experiência de vida, a maturidade pessoal que experimentamos, faz que vejamos tudo ao nosso redor a partir de novas perspectivas. Uma decepção, uma frustração, um momento traumático, uma doença, uma violência sofrida. São muitos os acontecimentos aos quais somos submetidos e que direta ou indiretamente influenciam a nossa vida, os nossos planos e, consequentemente, os nossos sonhos.

Sendo assim, os percalços sofridos na jornada podem nos fazer desistir de projetos que um dia quisemos realizar, podem nos fazer desanimar da realização de certos planos que um dia elaboramos de forma entusiasmada. Por outro lado, como somos seres inteligentes e criativos, movidos por realizações, tão logo abrimos mão de um sonho, plano ou projeto, apegamo-nos a novos sonhos, planos ou projetos, porque são eles que nos levam a viver e a crescer mais e mais, a levantar cedo toda manhã e a buscar em Deus a força e o vigor necessários para enfrentar a jornada diária que nos foi proposta pelo Senhor.

A propósito, foi Ele mesmo quem preparou para cada um de nós muitas dessas realizações que nos empenhamos em fazer. Paulo afirmou isso ao dizer que "somos criação de Deus realizada em Cristo Jesus para fazermos boas obras, as quais Deus preparou de antemão para que nós as praticássemos" (Efésios 2:10). Fomos feitos para realizar boas obras preparadas antecipadamente pelo próprio Deus. Isso significa que há projetos para os quais Deus já contou conosco quando pensou na sua realização. Também significa que há coisas a serem realizadas por nós que outra pessoa não poderá fazer em nosso lugar. E sabe por que é assim? Porque somos pessoas exclusivas, personalidades únicas.

Somos únicos em nossas experiências, em nossa cultura ou na falta dela, em nossas características de personalidade, forte ou fraca. Isso não importa. O importante é saber que Deus nos conhece, sabe quem somos e como agimos, e que um dia, antes da criação do nosso planeta, ele estabeleceu todas essas características.

Quem poderia ser Bianca Toledo senão eu mesma? Deus contou comigo para esta obra. Ele me imaginou sonhando em levar palavras de estímulo, de encorajamento, de ânimo e de esperança às pessoas, porque lá atrás já olhava para mim sob uma perspectiva completa, integral. Ele sabia das experiências que eu teria, sabia como eu lidaria com elas, tanto as positivas quanto as negativas, e também sabia que eu não me abalaria diante das lutas e dos obstáculos. Escolhi ser feliz ante tudo isso e não vou desistir nem ficar prostrada diante dos meus problemas. Eu me prostrarei perante Deus, o meu Deus, que me imaginou como sou e me deu sonhos, projetos e planos incríveis para que eu os realizasse na força do seu poder.

Quando conseguimos conciliar essas coisas em nossos planos, em nossos sonhos, a vida flui natural e espantosamente, porque os planos de Deus para nós podem, finalmente, acontecer. Ele não nos força a fazer o que não queremos e o que não conhecemos direito. Mas nos solicita gentilmente, amorosamente, e nos constrange por meio do amor que demonstra ao se dirigir a nós e nos convidar a participar dos seus planos na sociedade, na divulgação do seu Evangelho e na promoção da salvação entre todos os povos.

Paulo já disse que a vontade de Deus é "boa, agradável e perfeita" (Romanos 12:2). Quem rejeitaria satisfazer uma vontade com essas características? Todos nós queremos coisas assim: boas, agradáveis e perfeitas. A vontade de Deus tem esse perfil, portanto, não temos que temer a entrega total e irrestrita de nossa vida a Ele, porque Ele tem cuidado de nós.

Também não podemos dar uma resposta definitiva à pergunta inicial deste capítulo, "quem pode viver até realizar todos os seus sonhos?", porque somos limitados pelo tempo de vida de cada um. É verdade que temos sonhado com dias melhores, com fases melhores, e certamente levaria muito tempo até que pudéssemos mudar o mundo e deixá-lo melhor para nele vivermos, e também os nossos filhos. As pessoas dizem que trabalham para melhorar a vida, melhorar o país e o mundo, e isso acontece há séculos. No entanto, de um modo geral, o mundo parece não estar se tornando melhor. As notícias que lemos e ouvimos diariamente provam que o mundo é um lugar perigoso para se viver. Então, o que vamos fazer?

O que podemos fazer é tornar o *nosso* mundo melhor, o meio em que vivemos, os círculos sociais que frequentamos. Se fizermos a nossa parte, ficaremos em paz e tornaremos a vida de algumas pessoas melhor do que é hoje. Se cada um fizesse a sua parte, aí sim teríamos um mundo melhor. Acontece que, infelizmente, muitas pessoas deixam para os outros aquilo que elas mesmas deveriam fazer. Assim sobra mais trabalho para quem está empenhado nesse sonho. Além disso, quando se tornam fortes e influentes, muitos indivíduos já estão em idade avançada.

Também existem aquelas pessoas que não conseguem viver até que as coisas mudem de fato. Lázaro, um amigo de Jesus, morreu antes do tempo. Ele levou uma vida simples, mas era uma pessoa importante. Sabemos que isso é verdade porque ele tinha irmãs que o amavam, e também porque os Evangelhos nos dizem que Jesus era seu amigo. Não creio que Jesus teria um amigo negativo, para baixo ou com características reprováveis. Isso não significa que Ele tivesse desprezado os que agiam mal. Ao contrário, deixou bem claro que tinha vindo curar as pessoas doentes, não as saudáveis.

Voltando a Lázaro, ele morreu antes do tempo previsto, e com ele se foram os sonhos, os projetos e os planos. Tanto os dele como, consequentemente, os de suas irmãs, que moravam com ele. Elas se entristeceram e para o funeral do irmão mandaram chamar Jesus. Parece que Jesus não deu muita importância ao convite e permaneceu ainda três dias onde estava, partindo por fim para o local do sepultamento.

Mas, espere! Se Lázaro morreu, os planos de Deus morreram com ele. Se Jesus não poderia contar com um amigo morto para realizar os planos que tinha, por que não se importou em comparecer ao funeral, deixando para visitá-lo no cemitério?

Há uma resposta para essas questões.

A vida não é uma sucessão de vitórias. Podemos escolher enfrentar todas as batalhas, entretanto não podemos decidir se elas ocorrerão. A diferença está na postura que assumimos diante das circunstâncias. De um modo ou de outro teremos de lutar. Claro que aquelas pessoas que escolhem não desanimar terão mais forças na hora do enfrentamento. A Bíblia diz que " se você vacila no dia da dificuldade, como será limitada a sua força!" (Provérbios 24:10). Essa é a dica do sábio rei Salomão. Mostre-se fraco, e seja debilitado. Mostre-se forte, e seja realmente forte!

Como a vida não é totalmente uniforme, mas uma sucessão de situações positivas e negativas, acontece de pessoas permitirem que seus sonhos morram diante da dificuldade em realizá-los. Quem já atravessou um deserto emocional sabe que é difícil sustentar planos e projetos e manter acesa a chama da esperança quando parece que todos nos abandonaram, nos deixaram de lado e não se importam.

A tendência, muitas vezes, é readaptar-se, fazer reajustes nos planos originais. Há casos em que as pessoas diminuem a extensão dos seus sonhos e planos. Encurtam o alcance dos seus objetivos, limitam a própria capacidade e a criatividade fica reduzida a pequenos voos. Você conhece a diferença entre a águia e a galinha, certo? A galinha é pesada e tem asas menores, por isso não pode alçar voos muito elevados. Ela vive ciscando aqui e ali, olhando somente para baixo. A águia, por sua vez, também uma ave como a galinha, tem o corpo reduzido e mais forte, garras agressivas e asas mais amplas. Seu voo é suave, sobe a alturas impensáveis para uma galinha, e lá do alto consegue avistar a sua presa.

Não podemos escolher com que corpo nascer, mas podemos perseguir a postura espiritual tal como uma águia. Podemos voar alto, sem limites, se assumirmos que estamos ao lado de Deus e que Ele renova diariamente as nossas forças para que nos desvencilhemos do corpo pesado das culpas, dos sonhos abandonados e das esperanças enterradas. Assim aconteceu com Lázaro.

Aquele homem sepultado num túmulo cavado na rocha deveria ser um exemplo de fé. Lázaro certamente foi um homem especial, ao menos por dois motivos muito simples, mas que fazem toda a diferença. Primeiro, como já mencionei, o próprio Jesus o considerava um amigo. Ele deu testemunho de sua amizade quando disse: "Nosso amigo Lázaro adormeceu, mas vou até lá acordá-lo" (João 11:11). Jesus o considerava assim porque encontrou algo diferente naquele homem da pequena cidade de Betânia. Também conta a favor de Lázaro o fato de Jesus ter para ele um plano que não havia sido enterrado com sua morte aparente. Jesus o considerava vivo, simplesmente "adormecido".

A morte *não é o fim*.

Se nem a morte é o fim quando andamos com Deus, por que um obstáculo poderia representar a extinção dos nossos sonhos? Por que uma barreira poderia nos desanimar na jornada? Por que um aparente impedimento deveria limitar nossos projetos e planos?

Não acredite no que seus olhos veem, nem no que seus ouvidos ouvem. Acredite na voz que vem de dentro do seu coração. Acredite na Palavra de Deus para a sua vida e nas promessas que Ele fez para você. Essa palavra está dizendo que nem mesmo a morte pode representar ou significar o fim. Se nem a morte pode enterrar nossos sonhos, por que desistir antes do tempo? Por que desanimar indevidamente, imaginando que as lutas e os enfrentamentos serão insuperáveis? Não! Insuperável é o seu Deus, a quem nem a morte pode deter.

Jesus chegou ao sepulcro de Lázaro quatro dias depois do falecimento do amigo. Havia uma crença entre os judeus de que até o terceiro dia o espírito da pessoa permanecia nas redondezas. Jesus chegou no quarto dia, a fim de desfazer qualquer superstição infundada a esse respeito. Chegando lá, aparentemente nada mais poderia ser feito. Não para o Rei da Vida! Não para aquele que venceria a morte na própria cruz pouco tempo depois.

É isso mesmo. Além de devolver a vida a Lázaro, Jesus também venceu a própria morte, tendo sido ressuscitado ao terceiro dia. Os planos e os sonhos de Deus não são impedidos, pois nem mesmo a morte pode representar o fim.

Quando Jesus morreu em Jerusalém, naquele fim de tarde de uma sexta-feira, muitos mortos saíram de suas sepulturas, como dizem os Evangelhos. Paradoxalmente, a morte de Jesus representa a vida para os que creem. O aparente fim não passa disto: aparência. O fim, nas mãos de Deus, é somente o recomeço.

Recomece você também!

10

Um compromisso com o meu futuro

Estamos quase chegando ao final deste livro. Que pena! Já estou ficando com saudades. Compartilhar as nossas experiências é muito gratificante e enriquecedor. Todos devemos fazer isso. Ao contrário do que geralmente as pessoas pensam, não é quando lucramos ou trapaceamos que saímos ganhando, porque é na troca que enriquecemos e crescemos como pessoa. As experiências que tive convivendo com pessoas maravilhosas que passaram ou que estão em minha vida me deixaram maior e mais forte. Por isso, posso compartilhar essa grandeza de alma e essa força de espírito com outras pessoas, que, por sua vez, formarão uma rede do bem, passando adiante aquilo que têm recebido de mim. Essa comunhão não tem preço.

A leitura das Escrituras nos coloca frente a frente a numerosos casos de pessoas que viveram e andaram com Deus. Essas pessoas eram muito diferentes umas das outras, assim como hoje somos diferentes uns dos outros. Aliás, as diferenças são a nossa maior característica. Considere a cultura do Nordeste em relação a do Sudeste, ou a cultura do Sul em relação a do Centro-Oeste. Parecem países distintos. A riqueza cultural é grande no Brasil, mas as diferenças pessoais são ainda maiores.

Quando lemos nas Escrituras sobre a vida de homens e mulheres que andaram com Deus, somos confrontados com lições negativas e positivas. A Bíblia não omite as deficiências de seus personagens. Os defeitos de caráter, as falhas de personalidade, tudo está lá, do jeito como aconteceu, sem maquiagem ou retoques literários para amenizar a situação. O bem é ensinado e encorajado, porém o pecado é chamado pelo seu nome, sem rodeios e eufemismos.

Quando me dispus a escrever este novo livro, pensei em compartilhar esperança, em trocar com meus leitores e leitoras as experiências emocionais que guardo comigo, as duras e as agradáveis, pois, como já destaquei, ambas são úteis para moldar o nosso caráter e refinar a nossa personalidade. Podemos e precisamos aprender com toda e qualquer experiência. Elas são o nosso maior patrimônio e o Senhor conta com isso, com a nossa resiliência diante da vida e das dificuldades que ela coloca para nós. Eu diria com certeza que somos escolhidos por Ele para determinadas tarefas e serviços a partir das experiências de cada um, pois Deus faz tudo muito bem e com sabedoria.

Observe como Ele atrai pessoas que já enfrentaram e venceram batalhas no campo do empreendimento para trabalhar com outras que atualmente enfrentam dificuldades para empreender; ou então como ele coloca pessoas para ajudar famílias que estão sendo destruídas depois de elas mesmas terem enfrentado e vencido a mesma situação. Todas as coisas são coordenadas por Deus para o bem do maior número de pessoas. E esse é um ponto que precisamos considerar na organização do nosso próprio mundo: ter *pensamentos coordenados*.

Organizar os nossos pensamentos de modo que eles sigam intuitivamente um roteiro que faça sentido, ajuda a melhorar o nosso rendimento pessoal, a aliviar as nossas tensões e a nos livrar da ansiedade. Quando Deus fez o mundo, não criou o homem antes de ter um jardim para colocá-lo. Também não criou o homem antes de ter um pomar de onde ele poderia extrair seu alimento. Tudo foi feito coordenadamente, seguindo um raciocínio lógico e organizado.

É interessante observar que antes da criação do mundo tudo se apresentava como um caos. A palavra *caos* significa confusão, bagunça e desordem. O primeiro capítulo do livro de Gênesis diz que a terra era sem forma e vazia. Pior que isso: havia trevas sobre o abismo. Este aqui parecia ser um lugar assombroso! Mas quando Deus disse "Haja luz!", tudo começou a mudar. A manifestação de sua palavra e de sua presença passou a colocar as coisas no lugar. Primeiro, como havia trevas, ele acendeu a luz para ver como tudo estava. Em seguida começou a colocar ordem no caos, que se transformou num cosmo. A palavra *cosmos* significa harmonia universal, universo ordenado por leis onde as coisas são integradas. Cosmos é o contrário de caos, por isso precisamos pensar de maneira coordenada, para que as chances de haver ordem em nossa vida sejam maiores, para que o nosso caos se transforme em um cosmo.

Depois precisamos ter uma visão positiva do futuro, ter um objetivo claro e bem definido do que fazer com a nossa vida usando os recursos que temos à disposição. Nunca conte com o que você não tem, pois as coisas no plano de Deus não acontecem dessa maneira. Deus faz milagres, e não mágicas. Mágicas são truques, ilusões; milagres são verdadeiros. Veja o caso de Moisés quando foi chamado por Deus para tirar o povo do Egito. Ele se mostrou vacilante diante da convocação e alegou não ter condições pessoais para aquela grande missão. Moisés tentou convencer Deus a enviar outra pessoa. Quem sabe seu irmão Arão? Ele se achava incompetente para ser envolvido naquele projeto.

Mas Deus surpreende a todos quando pergunta a Moisés o que ele tinha nas mãos, e este responde que tinha um cajado, uma vara usada por pastores de rebanhos. Deus mostrou que Moisés não precisava de varinha de condão nem de pó de pirlimpimpim. Mandou que Moisés jogasse aquele cajado no chão e logo ele se tornou uma serpente que corria atrás do velho homem. Moisés entendeu que aquela vara deveria ser usada para tocar as águas, tocar o solo, tocar em tudo quando Deus quisesse manifestar o seu poder. Deus usa o que cada um de nós tem e acrescenta o que nos falta. Entretanto, só faz isso quando não desprezamos os poucos recursos que temos à nossa disposição.

Tenha uma visão realista do futuro que você deseja e não a despreze. Faça-a acontecer dentro das suas possibilidades, e Deus fará o impossível acontecer, pois o impossível pertence à esfera dEle. Assim, é necessário ter uma visão profética do mundo e da vida, porque a nossa esperança não está nas coisas à nossa volta. A nossa esperança está depositada nas promessas de Deus para nós. A nossa visão espiritual, aquilo que vemos e que ninguém vê, pertence ao nosso universo, ao nosso cosmo onde Deus se move a nosso favor.

Andar com Deus nos fará entender que as coisas acontecem, de fato, do modo como Ele tem planejado, sem sobressaltos ou agitação intensa. A vida com Deus é mais serena do que se imagina. Nem sempre Ele se mostra em meio à tempestade ou aos terremotos. Deus fala no silêncio, responde na brisa suave como fez com Elias. Resignar-se ajuda a perceber sensivelmente a voz do alto. Há muitas vozes sendo ouvidas hoje. Vivemos num tempo de intensa poluição sonora, mas nem todas as vozes são de Deus, nem todas as vozes são do Bom Pastor. Cultivar a serenidade e a paz interior só trará benefícios a você quando quiser ouvir a voz do Bom Pastor chamando suas ovelhas. As ovelhas conhecem a voz do pastor: "As minhas ovelhas ouvem a minha voz; eu as conheço, e elas me seguem" (João 10:27). "Eu sou o bom pastor; conheço as minhas ovelhas; e elas me conhecem" (João 10:14).

Diante disso, preciso propor um desafio amigável a você. Entendo que com a simples leitura de minhas palavras você poderá ser desafiado. Mas se iniciar agora uma reação contra os comportamentos e as atitudes que o têm incomodado nos últimos anos, as chances de conseguir mudar e reciclar suas emoções serão maiores. Então, o desafio que quero propor é simples, mas muito eficiente.

Reservei um espaço a seguir para que você escreva aquilo que vem o incomodando do ponto de vista pessoal, emocional e espiritual. Também são válidas as anotações de coisas que o perturbam em suas relações interpessoais: manias, traumas, medos, desconfianças, inseguranças. Escreva tudo etc. Faça um *brainstorm*, uma tempestade mental, e descarregue o seu coração, limpando a sua alma, deixando leve o seu espírito.

Esse exercício é muito importante porque quando escrevemos damos forma, materializamos aquilo que vive subjetivamente em nós. Muitas pessoas funcionam melhor no modo visual; elas precisam *ver* para assimilar bem. Escrever facilitará a identificação do problema a ser resolvido.

Então, mãos à obra. Caneta em punho e trabalho duro daqui para a frente!

____

____

____

____

____

11

O poder do agora

A pressão que a vida de hoje exerce sobre nós é imensa. Muitas pessoas que conheço nas minhas andanças confessam que sofrem pressão em casa, no trabalho, na sociedade. São as famosas cobranças. Num cenário assim, há que se acrescentar a pressão do passado, das más realizações, das decepções e frustrações, além das pressões e cobranças do presente, como essas que enumerei, e, para agravar o quadro, existe a ansiedade pelo que ainda está por vir, por aquilo que ainda não aconteceu e que nem sequer sabemos se irá acontecer.

Enquanto o tempo passa e hesitamos entre o passado e o futuro, esquecemos de viver o presente, tempo que decidirá todas as coisas e as próximas experiências que nos aguardam pela frente. A única certeza que possuímos já não diz respeito ao passado sobre o qual não temos mais poder, tampouco se refere ao futuro que ainda não decidimos como será. A única certeza possível hoje, agora, é o presente. Portanto, o desperdício de tempo é irreparável. Nunca mais teremos nas mãos aquele precioso segundo que gastamos pensando no que *já* aconteceu ou no que *poderia* ter acontecido. Em outras palavras, jogamos fora um tempo precioso quando insistimos em lamentações e chororôs.

A ansiedade consome a nossa memória. Ela ocupa desnecessariamente a nossa mente, os nossos pensamentos, quando eles deveriam ser mais bem utilizados com coisas boas, que nos dão esperança e criam em nós atitudes de fé. A Bíblia é bastante clara a esse respeito, isto é, sobre como ocupar a nossa mente com bons pensamentos. Filipenses 4:8 não poderia ser mais explícito: "Finalmente, irmãos, tudo o que for verdadeiro, tudo o que for nobre, tudo o que for correto, tudo o que for puro, tudo o que for amável, tudo o que for de boa fama, se houver algo de excelente ou digno de louvor, pensem nessas coisas".

Nessa passagem você leu algo relacionado a decepções, amarguras, tristezas, medos, frustrações ou rancores? Leu algo sobre fraqueza, incapacidade, impotência, incompetência, fragilidade ou rejeição? Não, porque essa não é a lista que Deus escreveu para nós. A lista das virtudes que devem povoar a nossa memória foi escrita no céu pelo nosso Criador, não na terra por pessoas que não querem o nosso bem, nem no inferno pelo Diabo que quer nos destruir.

Entretanto, há pessoas que preferem ler as listas erradas de prioridades. Há pessoas que dão ouvido a coisas que não dizem respeito a elas. Não seja assim com você! Não preencha os seus dias com agonia e ansiedade. Desista de se convencer de que não é capaz de gerir o presente de maneira eficiente e positiva a seu favor. Saia desse lugar que suga as suas forças e absorve o poder que há em você. As Escrituras apontam firmemente para o caminho do escape quando nos vemos cercados por situações contraditórias e comportamentos destrutivos.

A ciência investe em pesquisas feitas a fim de descobrir a cura para a angústia da alma que coloca para baixo milhares de pessoas na exigente sociedade de consumo que as oprime. Além disso, há pesquisadores que se dedicam e se especializam em estabelecer o melhor modo de administrar o tempo e eliminar o seu desperdício. *Time is money*, tempo é dinheiro, diz a máxima. Dinheiro é bom, mas será que essa deve ser a sua prioridade? Será que é adequado e justo colocar no dinheiro e na sua aquisição a chave para a felicidade?

Há uma mudança à nossa espera e ela pode acontecer hoje. No entanto, toda mudança tem uma *chave* que dá acesso a ela.

O que é preciso mudar na sua vida? Sempre há algo que precisa ser mudado.

Reflita sobre o seu coração, a sua mente, a sua saúde, sobre os resultados que tem obtido, se eles são os esperados. Reflita sobre os seus sonhos, as suas necessidades, os seus anseios, as suas aflições e ansiedades, as suas frustrações. Certamente descobrirá algo que não está como você gostaria. Sempre há alguma coisa em nós para ser melhorada. Mas você pode se perguntar: "Como faço para mudar algo de que nem mesmo gosto ou com o qual não concordo?".

A pergunta é legítima, e a resposta eu encontro, entre outros lugares, nas palavras de Paulo: "Àquele que é capaz de fazer infinitamente mais do que tudo o que pedimos ou pensamos, *de acordo com o seu poder que atua em nós*" (Efésios 3:20, ênfase acrescentada).

A resposta à sua pergunta está aí: o poder de Deus atua em nós! A chave para *toda* mudança se chama *decisão*. Você tem poder para decidir sobre a sua vida, uma vez que o poder de Deus opera ou se realiza em você! O texto não diz que esse poder é posse de uma pessoa, um terceiro, nem diz que ele depende de circunstâncias ou conjunturas políticas, econômicas ou do alinhamento dos astros e planetas. O poder está em você, é posse sua. Não sabia? Pois agora sabe.

Entretanto, pode haver outra pergunta a ser feita. O poder está em você, mas quando poderá ser usado?

Quando ele estará liberado para ser aplicado na mudança de coisas que precisam ser melhoradas em você? Essa pergunta sobre o tempo também tem uma resposta, mas está em outra parte do Novo Testamento: "O homem está destinado a morrer uma só vez e depois disso enfrentar o juízo" (Hebreus 9:27). A resposta sobre o tempo da mudança é hoje, porque a vida é uma só. Deus não nos dará outra vida se deixarmos esta escapar por entre os dedos. Não haverá outra oportunidade de mudar as coisas senão agora. Por isso, cada minuto perdido jamais voltará. O tempo presente é importante porque é nele que Deus espera que ajamos efetivamente.

Cada minuto que você viveu é irrecuperável. Consegue dimensionar a importância que isso tem? A Bíblia diz que o homem "vive pouco e passa por muitas dificuldades" (Jó 14:1). Uma grande verdade, por sinal. Nossa vida é curta e passageira e há muitos obstáculos a serem enfrentados. Alguém pode escolher fugir deles, desviar deles, esconder-se deles e esperar que desapareçam, que vão embora. Mas não pode ser inocente e acreditar que, se o tempo de vida que tem acabar, Deus dará nova chance. Nós só temos esta vida.

Assim, somente a você foi dado o poder para decidir o que fazer desta *única* vida que tem, pois não haverá outra. Abra seus olhos, respire fundo e tome uma atitude séria e decisiva: você só terá uma oportunidade de viver.

Sendo assim, o que você quer da sua vida? O que espera dela? Tudo está de acordo com o que você esperou e desejou? As coisas estão no ponto que você planejou ou do modo como sonhou para quando chegasse na idade que tem hoje? Sempre há alguma área da nossa vida que clama por mudanças radicais, profundas até. Mas as decisões que poderão levar às mudanças efetivas estão em nosso poder, ainda que por vezes façamos uso de recursos psicológicos, transferindo essa responsabilidade pelas mudanças a outras pessoas. Isso não passa de paliativo e serve somente para retardar o dia da sua mudança, porque o poder que a trará está em suas mãos. E esse poder que opera em nós "é capaz de fazer infinitamente mais do que tudo o que pedimos ou pensamos" (Efésios 3:20).

Se pudéssemos compartimentar as diferentes áreas da nossa experiência humana, colocar as coisas separadamente diante de nós – nossa vida financeira, pessoal, profissional, amorosa, ministerial, educacional –, seria possível diagnosticar quão plena de realização está cada uma dessas áreas? Você poderia identificar o ponto em que as coisas estão em relação ao que você deseja para cada uma delas?

Há aqui uma questão confrontadora. Se você admite que a Escritura é a Palavra de Deus e confessa que *todo o poder* pela mudança da sua vida lhe foi dado por Deus, como diz Efésios, logo, se há algo em sua vida que não está como você gostaria que estivesse, você deverá admitir que a responsabilidade é sua. Não poderá transferi-la a outra pessoa. Aparentemente é simples resolver problemas, basta não se responsabilizar por eles, imputando a responsabilidade pelos fatos a terceiros. Por outro lado, não podemos esperar por mudanças quando agimos assim.

Ainda que existam situações que fogem do nosso controle – e elas existem, sim –, coisas que nos prejudicam e nos afetam direta ou indiretamente, as decisões sobre o que fazer nessas circunstâncias estão sob o nosso controle: essa decisão é nossa. Não estou ignorando que as pessoas decidem pelo mal que podem fazer contra nós, porque a elas cabe tomar as próprias decisões. Agindo assim, elas criarão situações nas quais seremos envolvidos. Não somos oniscientes a ponto de saber quando seremos atacados ou injustiçados por alguém, mas somos poderosos o suficiente para tomar as rédeas da situação quando ela está diante de nós e exige uma decisão pessoal sobre o seu desfecho. E essa decisão é sua, não de terceiros. A Bíblia diz:

> "O ladrão vem apenas para furtar, matar e destruir; eu vim para que tenham vida, e a tenham plenamente. Eu sou o bom pastor. O bom pastor dá a sua vida pelas ovelhas. O assalariado não é o pastor a quem as ovelhas pertencem. Assim, quando vê que

o lobo vem, abandona as ovelhas e foge. Então o lobo ataca o rebanho e o dispersa. Ele foge porque é assalariado e não se importa com as ovelhas. Eu sou o bom pastor; conheço as minhas ovelhas; e elas me conhecem; assim como o Pai me conhece e eu conheço o Pai; e dou a minha vida pelas ovelhas" (João 10:10-15).

Esse texto envolve certa dose de responsabilidade para ser interpretado e assimilado à nossa vida. E há pessoas abrindo mão da responsabilidade que têm a partir do que o texto diz. Pessoas podem ser passivas em relação ao mal que sofrem, e quando ficam sabendo que o Diabo atua no mundo para roubar, matar e destruir, logo dizem: "Ah, o Diabo veio e destruiu a minha vida, a minha família, a minha saúde... mas Deus disse que vai dar vida em abundância para mim, e eu estou esperando com paciência que Ele faça isso. Não cabe a mim dar essa vida em abundância, eu não tenho esse poder". Conhece alguém assim? Espero que não seja o seu caso.

É *irresponsabilidade* ler esse texto e decidir pela passividade. Ficar inerte diante dessa promessa tão maravilhosa não é a atitude esperada pelo Senhor para a nossa vida, não com essas palavras que Jesus pronunciou. Esperar as coisas caírem do céu não é a melhor opção para aqueles que esperam por coisas melhores. Deus fará infinitamente mais do que tudo o que pedimos ou pensamos, de acordo com o seu poder que atua em nós. Essa é uma promessa real; porém, se ficarmos à espera de mudanças sem tomarmos posição ativa diante dos fatos, como elas irão acontecer? Percebe a incoerência que há entre o que podemos crer e o que podemos fazer, ou não fazer?

Todas as promessas de Deus e as expectativas que ele tem a seu respeito são acompanhadas do potencial devido para serem realizadas. Esse potencial, por sua vez, está em você! Enquanto pensar que a oportunidade e os recursos que mudarão a sua vida estão na posse de outras pessoas ou nas situações que alguém um dia poderá criar em seu favor, você não será feliz. Não espere por mudanças que venham dos outros e não deposite esperanças de dias melhores enquanto você não despertar para a utilização dos recursos que o Senhor colocou nas *suas mãos*.

Você pode ter momentos de alegria vez ou outra, um dia sim, outro não... mas não terá constância, permanência, continuidade. Essa alegria será sempre variável, porque você não tomou a decisão de agir, de enfrentar os desafios que são os *seus desafios*. Se deixar que os outros decidam, você viverá de picos de euforia por uma coisa ou outra que pode dar certo.

Nós precisamos de realizações concretas e constantes; elas nos animam e nos fazem avançar mais e mais. Entretanto, as realizações não podem ser a base da nossa felicidade, porque assim ficaremos reféns delas, e se algum dia essas realizações falharem, a nossa felicidade será afetada diretamente. O castelo desmoronará se for construído sobre a areia, como disse Jesus. Não pense em ter felicidades; pense em *ser* feliz.

Deus não nos criou para ficarmos reféns de pessoas, por melhores que sejam, tampouco nos criou para ficarmos reféns de situações e circunstâncias, seja a cotação do dólar ou o clima político do país. Não! A nossa plenitude está *em Deus*.

Voltando ao Capítulo 3 de Efésios, Paulo diz ainda que quando formos capazes de compreender o amor que ultrapassa a razão, também seremos cheios, plenos, e essa plenitude reside em Cristo, que se revelou como a *plenitude da divindade*. Isso significa que em Jesus não falta nenhum atributo próprio de Deus, que nele os atributos de Deus são revelados plenamente. O centro gerador do poder está à nossa disposição. A nossa dependência deve ser colocada em Jesus, o centro do poder pleno do Pai, não nas pessoas ou nas circunstâncias à nossa volta; antes, para um local seguro: Jesus.

É preciso priorizar uma vida de felicidade; considere em seu coração os seus projetos e os planos de Deus para você, para a sua vida. As demandas que outras pessoas querem impor sobre nós não podem regular a nossa agenda pessoal. Por isso, é preciso fazer distinção entre o que é *urgente* e o que é *importante*. Não entre na rotina que não lhe diz respeito. Urgentes são as demandas e prioridades dos outros, mas, dentre elas, o que é importante para você? Viva e resolva a sua vida primeiro, para depois poder ajudar aqueles que estão à sua volta. Quando um avião está para decolar, os comissários de bordo dão as instruções de segurança. A certa altura, eles dizem que no caso de emergência adultos deverão colocar as máscaras de oxigênio primeiro em si, para depois fazer o mesmo com as crianças. Imediatamente, considerando o meu instinto materno, eu poderia querer colocar a máscara no meu filho, mas, pensando do ponto de vista técnico, do ponto de vista lógico, eu preciso estar bem, segura e forte para poder ajudar quem está perto de mim, porém é mais fraco do que eu. Ajude-se primeiro e depois auxilie o seu próximo.

Você não encontra forças para tomar decisões? O que o impede de decidir pelo melhor para você? Insegurança? Falta afirmação pessoal? Você não acredita no seu potencial? Existe um sacrifício definitivo que foi feito por você, e não há condenação nem acusação capaz de parar aquele que está nesse lugar seguro: Cristo Jesus. A consumação dos melhores planos e desejos de Deus já foi concretizada na cruz do Calvário. O que ainda nos falta? Falta decidir e combinar que as coisas serão feitas, porque você resolveu agir sobre a Palavra de Deus a seu respeito. Essa decisão não pode ser tomada por Deus, por mim nem por ninguém: essa decisão é sua, *a hora do poder é agora!*

Este livro foi composto em Minion Pro e impresso pela RR Donnelly
para a Editora Planeta do Brasil em agosto de 2017.